山东工商学院2022年度财富管理特色研究项目成果：烟台市促进乡村振兴典型案例研究（编号：2022YB15）。

山东工商学院2022年度特色研究项目（共同富裕专项）成果：烟台市促进共同富裕先进典型和创新案例研究（编号：2022TSXM007）。

新时代财富管理研究文库

Digital Transformation of Wealth Management:
Motivations, Paths and Trends

财富管理数字化转型：
动因、路径与趋势

王君玲／编著

经济管理出版社
ECONOMY & MANAGEMENT PUBLISHING HOUSE

图书在版编目（CIP）数据

财富管理数字化转型：动因、路径与趋势/王君玲编著.—北京：经济管理出版社，2022.8
ISBN 978-7-5096-8681-2

Ⅰ.①财… Ⅱ.①王… Ⅲ.①投资管理—数字化—研究—中国 Ⅳ.①F832.48

中国版本图书馆 CIP 数据核字（2022）第 156372 号

组稿编辑：赵天宇
责任编辑：赵天宇
责任印制：黄章平
责任校对：王淑卿

出版发行：经济管理出版社
　　　　　（北京市海淀区北蜂窝 8 号中雅大厦 A 座 11 层　100038）
网　　址：www. E-mp. com. cn
电　　话：（010）51915602
印　　刷：唐山玺诚印务有限公司
经　　销：新华书店
开　　本：720mm×1000mm/16
印　　张：12.25
字　　数：213 千字
版　　次：2022 年 9 月第 1 版　　2022 年 9 月第 1 次印刷
书　　号：ISBN 978-7-5096-8681-2
定　　价：88.00 元

"新时代财富管理研究文库"总序

我国经济持续快速发展，社会财富实现巨量积累，财富管理需求旺盛，财富管理机构、产品和服务日渐丰富，财富管理行业发展迅速。财富管理实践既为理论研究提供了丰富的研究素材，同时也越发需要理论的指导。

现代意义上的财富管理研究越来越具有综合性、跨学科特征。从其研究对象和研究领域看，财富管理研究可分为微观、中观、宏观三个层面。微观层面，主要包括财富管理客户需求与行为特征、财富管理产品的创设运行、财富管理机构的经营管理等。中观层面，主要包括财富管理行业的整体性研究、基于财富管理视角的产业金融和区域金融研究等。宏观层面，主要包括基于财富管理视角的社会融资规模研究、对财富管理体系的宏观审慎监管及相关政策法律体系研究，以及国家财富安全、全球视域的财富管理研究等。可以说，财富管理研究纵贯社会财富的生产、分配、消费和传承等各个环节，横跨个人、家庭、企业、各类社会组织、国家等不同层面主体的财富管理、风险防控，展现了广阔的发展空间和强大的生命力。在国家提出推动共同富裕取得更为明显的实质性进展的历史大背景下，财富管理研究凸显出更加重要的学术价值和现实意义。"新时代财富管理研究文库"的推出意在跟踪新时代下我国财富管理实践发展，推进财富管理关键问题研究，为我国财富管理理论创新贡献一份力量。

山东工商学院是一所以经济、管理、信息学科见长，经济学、管理学、理学、工学、文学、法学多学科协调发展的财经类高校。学校自 2018 年第三次党代会以来，立足办学特点与优势，紧密对接国家战略和经济社会发展需求，聚焦财商教育办学特色和财富管理学科特色，推进"学科+财富管理"融合发展，构建"素质+专业+创新创业+财商教育"的复合型人才培养模式，成立财富管理学院、公益慈善学院等特色学院和中国第三次分配研究院、共同富裕研究院、中国艺术财富高等研究院、黄金财富研究院等特色研究机构，获批慈善管理本科专业，深入推进财富管理方向研究生培养，在人才培养、平台搭建、科学研究等方面有了一定的积累，为本文库的出版奠定了基础。

　　未来，山东工商学院将密切跟踪我国财富管理实践发展，不断丰富选题，提高质量，持续产出财富管理和财商教育方面的教学科研成果，把"新时代财富管理研究文库"和学校 2020 年推出的"新时代财商教育系列教材"一起打造成为姊妹品牌和精品项目，为中国特色财富管理事业持续健康发展做出贡献。

前　言

　　财富管理行业早已群雄并起、争战激烈，而伴随着互联网金融、科技金融、线上理财、智能投顾等概念出现，规模庞大的中国财富管理市场呈现"数字化"趋势。随着数字化浪潮全面席卷，财富管理数字化转型既不是单纯的线上化，也不再仅仅是现金管理，而是自上而下的科技赋能和数字驱动。分析财富管理数字化转型的前沿理论和先进实践经验已成为我国面临的紧迫课题。

　　本书通过系统梳理财富管理数字化转型的前沿理论和特征，归纳和总结财富管理数字化转型的驱动因素、面临挑战、转型路径、未来发展趋势等方面的内容，借鉴财富管理机构数字化转型的先进经验，深入分析财富管理数字化转型提升路径，探讨财富管理数字化转型的未来趋势。

　　本书旨在总结现有国内财富管理数字化转型的研究内容，借鉴先进财富管理机构的转型经验，为对财富管理数字化转型感兴趣的读者提供参考，希望可以丰富国内财富管理研究，推动金融市场规范运营，为财富管理从业人员提升认知提供参考。本书的特色主要有以下几方面：

　　（1）理论性与系统性。本书比较全面系统地反映了当前国内财富管理数字化转型的现状、理论基础、驱动因素、面临挑战、转型路径以及未来发展趋势，研究现状部分用 Cite Space 进行可视化分析，从而识别国内财富管理研究的新特点和新趋向，提供了一种尽可能全面的、新颖的透视和观察视角。

　　（2）理论与实践相结合。本书按照通行的理论分析框架，介绍分析当前国内财富管理数字化转型的现实问题。通过典型案例分析，研究借鉴财富管理机构的转型经验，并从理论视角出发提出改进建议，较好地满足了财富管理数字化转型的现实需要。

　　（3）体系结构完整、规范。本书按照"动因、路径与趋势"的脉络，系统地介绍了银行业、保险业、证券业等行业的数字化转型现状、挑战以及对策，整体结构完整、规范。

本书由王君玲负责全书统稿工作，对逻辑结构、内容规划、结构设计、体例规范、行文风格等内容进行了全面构思，以及在内容撰写、提纲拟定、人员组织、书稿修改等方面倾注了大量心血，使本书得以如期顺利付梓。其他参与人员主要有刘婉诗与郭凯杰。第一章到第八章主要由刘婉诗编写，第九章到第十二章主要由郭凯杰编写。

在本书编写过程中，参阅和引用了其他研究学者的有关著作和论文，以及大量媒体报道和专家评论。本书已在文后列出相关参考文献，书中也尽可能对引用出处做了标注，但仍可能有遗漏，在此一并对相关作者表示最诚挚的感谢。同时国内对财富管理数字化转型的研究还处于探索阶段，本书在编写体例、研究范式、撰写方法等方面属于初步尝试。对于本书的不足之处，欢迎各位专家同仁和广大读者不吝赐教，提出修改意见和建议，以推动我国财富管理数字化转型研究的进程。

本书的出版得到山东工商学院领导和各职能部门的大力支持，本书是山东工商学院 2022 年度特色研究项目（共同富裕专项）"烟台市促进共同富裕先进典型和创新案例研究"的成果（编号：2022TSXM007）。此外，感谢经济管理出版社老师为本书的出版付出的艰辛劳动，并提出了许多中肯建议，使书稿增添了许多亮点。本书在写作过程中吸收了理论界专家学者的相关研究成果，正是这些经典论著和研究文献使书稿得以完善。在此，我们向他们一并表示由衷的感谢！

本书是山东工商学院财富管理特色研究项目的成果，感谢山东工商学院财富管理特色发展办公室、发展规划处的支持！本书是山东工商学院 2022 年度财富管理特色研究项目"烟台市促进乡村振兴典型案例研究（编号：2022YB15）"的成果。

目　录

第一章　导论

第一节　研究背景与意义

一、研究背景

　　财富管理行业早已群雄并起、争战激烈，而伴随着互联网金融、科技金融、线上理财、智能投顾等概念出现，规模庞大的中国财富管理市场呈现"数字化"趋势。随着数字化浪潮全面席卷，财富管理数字化转型既不是单纯的线上化，也不再仅仅是现金管理，而是自上而下的科技赋能和数字驱动。分析财富管理数字化转型的前沿理论和先进实践经验已成为我国面临的紧迫课题。

　　1. 财富管理数字化转型已成为大势所趋

　　经济的迅速发展使居民的收入不断增加，随之而来的资产管理、保值、增值需求也在不断上升。2020 年底，中国个人金融资产规模达到 205 万亿元，创下新纪录，成为世界第二大资产管理市场。未来 5 年，个人金融资产将保持 10% 的快速增长速度，预计到 2025 年全年综合增长将达到 332 万亿元。另外，与世界先进经济体相比，我国居民的金融资产所占的比例要低得多。据中国人民银行统计，2019年，中国居民住房资产占总资产的 59%，而金融资产只占 20%。与美国的 24% 和71% 相比，资产配置有改善的余地，资产管理市场亦有可观的发展前景。

　　随着大数据和人工智能等先进技术的成熟，财富管理也进入了金融科技创新的新时代。2020 年 3 月 4 日，中共中央政治局常务委员会召开会议明确指出，加快 5G 网络、数据中心等新基础设施建设进度。热爱科技的中国客户高度接受数字化，尤其是及时、专业和个性化的服务，并期望在互联网行业获得便捷的体验。互联网公司已成为财富管理市场上一股不容忽视的力量。2021 年第二季度，非货币性公共资本市场中领先的大型科技公司的规模超过了主要商业银行。中国的财富管理面临着这样的机遇和挑战，而数字化恰恰是建立新差距的关键。

同时，新的资产管理法规及其相关文件也为中国财富管理行业的健康发展指明了方向。当下在线趋势、消费行为和投资情景也为财富管理的发展提供了新的机遇。在疫情防控常态化的背景下，数字化已经成为财富管理的必然选择。数字经济发展速度的加快，加强了用户对网络服务的认可度，隔离措施使用户对网络服务的需求由被动接受转为主动寻求。随着用户在线服务习惯的变化，基于服务的个性化服务需求已从单一服务功能转向端到端的综合服务，从特定渠道的综合服务转向一站式服务，使数字化服务的价值更加突出。

"非接触"服务将在未来的经济和社会活动中变得常见。非接触式理财服务需要在保持服务产品专业化的基础上，创新服务场景，重塑客户体验，这将极大地促进数字技术的应用，发展新的数字产业，这对财富管理机构来说既是机遇也是挑战。

2. 财富管理数字化转型必要性

财富管理数字化转型具有以下优势：第一，财富管理数字化转型有助于提高信息和专业服务的透明度。数字平台加强了投资公司、客户和投资顾问之间的关系，增加了获取信息和数据的可能性，降低了信息成本，扩大了客户群，并为不同类型的客户提供准确和专业的服务；第二，财富管理数字化转型可以通过适当的分析和处理技术，使财务规划过程更加科学、准确，实现正确、科学的管理。此外，财富管理数字化转型可以促进线上线下互联互通和一体化管理，进而推动行业形成更加开放的生态治理系统。

从财富和数据管理的角度来看，我们已经进入了数据财富时代。这个时代的一个显著特征是数字财富。依靠互联网和海量数据将人们的生活数字化，各种数字信息已经成为经济和金融领域的重要组成部分。随着数字财富时代的到来，物联网、大数据、云计算、人工智能和金融技术为金融改革提供了无限可能。

首先，由于数字财富的出现，财富问题变得更加丰富。有许多数字和数据可以追溯到财富，使财富的来源丰富多彩。其次，大数据的使用使财富管理更加智能。随着智能投资顾问的发展，人工智能已被应用于投资和财务管理领域。许多投资可以通过基于大数据分析的编程来进行，而不是依赖财务规划师，这使投资变得更加科学、准确，有效避免了各种人为的不确定性。最后，随着互联网的普及，财富管理在时间和空间上变得更加无限。现在，人们可以远程开户，无论何时何地都可以管理财富。人们不需要离开家就可以实现各种各样的财富管理目标，而不需要通过银行、证券公司、保险公司、交易所这些线下交易场所。此外，人们几乎可以自由地在世界各地有效地分配资产，不受时间限制，在世界各地提供资金和投资。

财富管理的数字化转型有利于提升金融机构的综合实力，在偌大的资产管理发展竞争中，商业银行率先高举数字化转型发展旗帜，最大限度地抢占先机，有望实现商业银行资产管理规模的大幅增长，更好地利用更多的客户群，极大提升了财富管理机构的金融服务效率。以人工智能为核心的数字化使财富管理业务变得"亲民化"，让更多客户群体能够更便捷地享受到高水平的金融服务。

3. 财富管理数字化转型的规模有限但前景广阔

近年来，数字化已经成为生活中各个领域改革和发展的焦点。随着金融技术的快速发展，互联网公司的远景规划和生态扩张不断加强，为提高质量和效率，满足实际需求，迎接挑战，提高市场竞争力，财富管理已成为数字化发展中最常见和最常用的领域，也是外国互联网公司和企业高度参与的一项活动。网络营销的核心不是加强客户资产管理和服务，而是加强客户资产管理。通过人工智能、大数据、云计算、机器人流程自动化、服务管理等技术的推广和支持，数字财富管理（Digital Wealth Management）可以降低成本、提高效率、扩大客户群，在价值链的各个阶段——客户、规划、配置、交易开发和投资组合管理——控制风险，提高资产管理的专业知识水平。

财富管理数字化转型的发展可分为三步：第一步是加强数字服务的互联互通，加强客户联系，销售人员学习营销术语积极与客户沟通，充分体现在线服务和移动服务的发展。第二步是充分体现敏捷数据共享中心的共享能力，促进客户之间的数据共享服务，提高敏捷性，提供服务体验的能力，为客户提供灵活性的能力。第三步是全面开放的服务场景，嵌入真正开放的环境，服务场景和财富管理组织可以帮助客户整合和使用客户数据，并为客户提供准确的实时财富管理服务。

财富管理的数字化转型需要发展。近五年来，中国互联网金融的快速发展为财富管理数字化转型的发展提供了两个基础，一是金融科技的发展提高了客户对互联网金融市场的接受度，使我国成为世界上最受欢迎的网络金融管理市场；二是中国市场出现了第一个独立的网络财务管理平台。

目前，我国财富管理的数字化转型还处于初期阶段。在资产构成、金融技术、财富管理、用户体验等方面的全球化竞争，随着越来越多的参与者参与，可能会变得更加激烈，因此亟须加强法律监督管理、风险控制能力、投资者管理规范化、综合金融服务体系规范化、慎重投资业务范围确定系统的安全，促进数字财富管理的持续、健康、快速发展。

（1）根据客户需求，数字化能够明确洞察客户的财富管理需求进而实现精准营销。数字化转型背景下，大数据、人工智能等高科技金融技术，可以显著提高客户信息处理的洞察力、透明度和多元性，以期加深对客户的了解，提升用户体验，更好地洞察客户的实际需求，为准确理解未来的营销、投资决策和资产管理提供研判。

（2）在资产管理端，数字化智能决策已取代了人工决策。随着信息时代的到来，市场开始关注信息的提取，同时随着数据的爆炸式增加，依靠传统的手工统计分析是不现实的，需要数字介入。此外，借助商业战略系统和风险管理系统软件，可以更快、更稳定、更坚定地执行财富管理数字化转型战略，降低交易成本，实现风险警报的自动化，降低风险、实现业绩评价。

（3）在客户体验方面，数字化提高了财富管理的服务能力。首先，在数字化的背景下，客户管理的效率得到了极大的提升，客户数量可以覆盖数万名客户，并能够提供定制化的个人服务。其次，人工智能也改变了"冷漠无情"的传统服务形象，给商业模式的转型创新带来了新的契机。最后，深度数字化将提高客户的响应能力和服务水平。

新冠肺炎疫情防控期间，"非接触"在线金融服务的需求不断增加，有1万多家无人证券公司，进一步强化了交易和服务的一体化倾向，加速了线下的业务线和网络实体功能的转移。我国正在大力发展新的基础设施，数字基础设施建设是新的基础设施建设的内容。下一步，财富管理行业可以积极利用人脸识别等外部技术，提高风险业务处理的合规性，提高数字企业的应用率，为数字化监控的运行打下坚实的基础。国内的财富管理专注于数字化的更新换代，旨在提供"近在咫尺"的金融服务。新冠肺炎疫情使金融机构加快了网络化的进程，进一步提高了数字操作性，在触摸控制、正确营销、智能风险控制、资产投资组合等其他领域也取得了很大进展。财富管理机构需要增加对资源的投资，利用金融技术强化团队的能力，通过金融技术有效提高内部运营效率，实现人员、营销、客户管理的优化升级，为客户提供营销管理、资产配置等智能化系统工具。

作为数字应用的一个发展前景，数字渠道的发展仍然是一项创新。由于移动结算和移动银行等数字金融技术在亚洲的普及，数字化渠道已得到了亚洲用户的高度认可，这在财富管理市场也不例外。根据对中国金融客户的调查，超过 60% 的高净值和超净值客户接受了数字化渠道。在新冠肺炎疫情防控常态化的背景下，数字渠道的发展有了更多的机会。

随着数字技术的出现和金融科技的迅猛发展，国际金融机构掀起了一股科技浪潮。在过去十年中，以美国为代表的主要国际投资银行从事数字授权、数字转型调查、数字环境建设和资产管理，以提高发展战略的绩效，降低成本，提高效率。美国财富管理数字化转型的发展过程是由政策环境、投资环境和用户需求等因素决定的，而且，由于不同金融机构在财富管理数字化转型领域的发展战略和业务战略不同，它们的多元化趋势也不同。

在我国深化分工、监管、市场化和金融体制改革的背景下，国内金融机构财富管理数字化转型的发展日益兴盛。国内资产管理市场的生态系统受到网络交易量下降、新资本管理规则的广泛传播等因素的影响。通过突破客户和服务资源之间的壁垒，数字化可以为财富管理服务增加新的价值。与美国传统金融机构和金融技术领先企业不同，新型网络金融机构是我国金融技术的主导力量。然而，我国从数字财富管理向以提供金融产品为核心的商业模式转变尚处于起步阶段，成熟的数字菜单应用主要集中在智能营销和用户操作上。未来，我们需要进一步整合内部、外部、结构化和非结构化的数据，建立统一的客户集，挖掘大数据的核心价值资源，提高战略、投资研究培训、资产配置、投资组合管理等专业技能，并通过构建环境驱动的发展情景平台，提高收入的多样性和可持续性，更新基本服务模式。

二、研究意义

当下，财富管理行业数字化转型迫在眉睫，因此，研究财富管理数字化转型的动因、路径与趋势，有着重要的理论意义和实践意义。

1. 理论意义

通过对财富管理数字化转型的现状、特点、驱动因素以及典型案例进行全方位、多角度分析，为财富管理数字化转型的提升路径以及未来发展趋势提供理论依据，为丰富财富管理数字化转型研究提供新视角。运用问卷调查、深度访谈、案例研究等方法，深度剖析如何进行财富管理数字化转型，拓展本领域的理论研究。

2. 实践意义

（1）对财富管理数字化转型的精细化研究，便于第三方财富管理机构、公募基金管理公司、证券公司、保险公司、银行、私募投资基金等抓住财富管理数字化转型的关键和痛点，明确财富管理数字化转型的提升路径。

（2）便于相关金融职能部门建立行业标准，促进财富管理数字化的可持续转型。中国的财富管理行业潜力巨大，市场规模初步形成，随着财富管理数字化转型的深入，亟须对这一行业进行系统梳理，制定行业规范，以便促进财富管理行业健康有序发展。

（3）便于财富管理从业人员系统掌握相关理论体系，用专业知识和对口方法迅速洞察客户需求，为提高其工作效能提供指导。

综上所述，本书对于第三方财富管理机构、基金管理公司、证券公司、银行等深入进行财富管理数字化转型具有借鉴作用，对完善金融市场规范、提高财富人群认知、提升金融从业人员知识体系等有重大意义。

第二节　研究目标

结合经济社会转型时期和财富管理数字化转型关键期的现实背景，以及财富管理数字化转型研究有待继续深入的理论背景，本书提出了以下研究目标：

财富管理数字化逐渐成为学者关注的焦点问题，然而什么是财富管理数字化转型？中国财富管理数字化转型的现状、特点，高速发展背后的驱动因素是什么？面临着哪些挑战？财富管理数字化转型的海外经验、典型案例、提升路径，以及未来发展趋势是什么？本书着力于系统梳理并回答以上重要问题。

根据国内学者对财富管理的研究发现，目前鲜有学者运用 CiteSpace 知识图谱对财富管理综述进行研究。因此，本书采取 CiteSpace 的研究方法，借助财富管理机构数字化转型的案例，对财富管理数字化转型的相关资料进行分析，以揭示财富管理数字化转型的动因、路径与趋势。

第三节 相关概念界定

1. 财富管理

财富管理以客户为中心，管理客户的资产、负债和流动性，能够为客户提供多元化的金融服务。财富管理旨在满足客户多样化的金融需求，帮助客户降低风险，维持附加价值，帮助顾客设计有关个人或家庭生活周期整体的综合性计划。

财富管理是指金融机构为个人、家庭、金融机构、社会团体提供的关于维持和评价投资资产的定制化服务。财富管理起源于为有钱人提供服务，也就是所谓的高净值人群，如今已经发展成对不同财富水平的人群的多层次服务。

2. 数字化

数字化是指将复杂多变的信息转化为可测量的数字和数据。数字化不仅利用数据采集、存储、管理和使用的技术手段，而且有效利用数据分析技术主要包括人工智能、云计算、大数据实现科学管理。在数字技术的推动下，金融生态系统愈加完善。作为一个系统工程，数字化转型包括信息转型、服务转型、管理转型、客户体验转型和人员转型。相关技术革新实现了智能优化决策，使高效管理变得触手可及。

3. 数字化管理

数字化管理利用数字化技术推进企业组织管理改革和创新，利用移动终端、网络、大数据、机械学习、人工智能、物联网、云计算等技术提高了服务的管理效率和品质，加快了从科技投入到收入转化的进程，提高了管理的安全性和可靠性。

4. 数字化转型

数字化转型是指金融产品设计、运营、营销、服务、管理、证券服务等方面的广泛数字化，依靠数字化技术重组金融资产服务状态和团队合作状态，能够帮助投资公司建立交叉授权利益，妥善管理长尾客群，降低成本，提高效率，实现商业模式创新，提升核心竞争力。

5. 数字财富管理

数字财富管理以数字驱动技术为价值取向，使资产管理客户愿意尝试技术创新以便获取易于理解、透明且相对标准化的产品。通过互联网和移动终端，视频等交互手段可以随时随地提供高效、便捷、透明的体验服务。

6. 财富管理数字化

财富管理数字化是指以金融科技赋能财富管理价值链，应用人工智能、大数据、云计算和区块链等技术手段，明晰客户画像、洞察客户需求、理解金融产品并优化资产配置。

第四节　研究内容与各章节逻辑架构

一、研究内容

本书共分十二章进行研究，前七章为理论部分，后五章为实践部分，具体如下：

第一章为导论。本章详细阐述了研究背景、意义、目标、相关概念界定、研究内容与各章节逻辑架构、研究方法、可能的创新之处及成果价值，厘清研究的思路，阐明研究的着眼点，为后续章节作铺垫。

第二章为文献综述——基于 CiteSpace 知识图谱的文献计量分析。本章对国内财富管理的相关研究进行了系统梳理。基于 CiteSpace 知识图谱的文献计量法分析财富管理的国内综述，主要从国内财富管理研究的时间分布特征、高产机构分布特征、作者分布特征、作者和术语混合网络分析、期刊分布特征、财富管理的发展现状、业务工具、发展策略以及互联网金融等方面进行系统研究。

第三章为财富管理数字化转型理论基础与特征。通过系统梳理财富管理数字化转型的前沿理论和特征阐述财富管理数字化转型概述。经过梳理发现，财富管理的特点主要包括线上化、便捷/轻型化、精准化、个性化及专业化。在财富管理数字化转型的前沿理论方面，主要涉及五大理论，分别为：持久收入理论、金融科技理论、现代资产组合理论、生命周期理论，以及互联网金融理论。

第四章为财富管理数字化转型驱动因素。财富聚积、金融技术、智能投顾、数据基建、用户实感和产品服务革新与金融机构财富管理的数字化转型直接相关。因此，本章主要从财富聚积、金融技术、智能投顾、数据基建、用户实感和产品服务革新六个方面介绍财富管理数字化转型的驱动因素。

第五章为财富管理数字化转型面临的挑战。通过论述宏观环境和微观环境两方面变化带来的挑战发现，宏观环境变化给财富管理数字化转型带来的挑战主要来自市场，微观环境变化给财富管理数字化转型带来的挑战主要表现为机构自身和客户两大类。就机构自身而言，主要表现为战略定位和功能边界模糊不清、客户体验满意度差、平台开发缺少整体规划、数字化专业性不足、标准化程度不够、参与度不高、缺少对人才的选择和培养、没有打通数字与传统渠道等；就客户而言，则主要表现为中国投资者自主性强，半数以上选择依靠自主分析进行投资、中国投资者偏好固收类产品且产品选择单一、客户对风险的意识仍停留在机构刚兑能力上而非投资标的上、资产配置的平均投资期限短等。

第六章为财富管理数字化转型路径。本章主要从强化金融科技赋能、借助金融科技洞察客户需求、通过分类管理打造精准营销以及提升财富管理数字化水平四个方面来论述财富管理数字化转型的路径。

第七章为财富管理数字化转型未来发展趋势。贯穿财富管理价值链的端到端数字化应用广受追捧，本章主要从全面数字化、极度精准化以及高度智能化三个方面介绍财富管理数字化转型的发展趋势。

实践部分借鉴银行、保险公司、证券公司、基金公司等财富管理机构数字化转型的先进经验，在阐述各案例财富管理数字化转型的现状、转型过程中采取的措施、存在的问题以及今后转型的策略的基础上，深入分析财富管理数字化转型的发展趋势及策略，以期为国内财富管理数字化转型提供有力支持和借鉴。

第八章为商业银行数字化转型。本章从商业银行数字化转型背景、必要性、状况调查、存在的问题、促进策略以及 Z 银行零售业务数字化转型等方面展开系统研究。

第九章为保险行业数字化转型。本章从保险行业数字化转型背景、必要性、现状、面临的挑战、转型举措以及 Z 保险公司数字化转型等方面展开系统性分析。

第十章为证券行业数字化转型。本章从证券行业数字化转型背景、必要性、状况调查、现状、面临的挑战、促进策略以及 H 证券公司数字化转型等方面展开研究。

第十一章为 G 证券公司数字化转型。本章从 G 证券公司简介、数字化转型现状以及转型举措三方面展开分析。

第十二章为 N 基金公司数字化转型。本章从 N 基金公司简介、数字化转型的状况调查、转型现状、面临的挑战以及未来数字化转型保障五方面展开研究。

二、各章节逻辑架构

本书第一章为导论，以第二章运用 CiteSpace 文献计量法进行国内财富管理研究文献综述为切入点，在厘清第三章财富管理数字化转型的理论基础与特征、第四章财富管理数字化转型驱动因素、第五章财富管理数字化转型面临的挑战、第六章财富管理数字化转型路径和第七章财富管理数字化转型未来发展趋势的基础上，借鉴商业银行、保险公司等财富管理机构数字化转型先进经验，深入分析财富管理数字化转型提升路径，探讨财富管理数字化转型的未来趋势。

第五节　研究方法

根据各章逻辑关系，本研究具体采用的研究方法有 CiteSpace 知识图谱的文献计量法、案例计量法和问卷调查法。

1. 文献计量法

运用 CiteSpace 知识图谱的文献计量法进行国内财富管理研究文献综述。文献计量法是综合使用数学与统计学法进行文献信息分析的一种研究方法，通过研究文献的增长与分布特点对文献的数量及变化规律加以揭示。CiteSpace 软件是信息可视化工具，可展现某一研究领域的知识地图和发展全貌，识别学科领域新动态和新趋势。

2. 案例计量法

运用案例计量法对搜集到的财富管理机构数字化转型的个案进行归纳和阐述财富管理数字化转型的现状。本书对各案例的背景、现状及转型策略进行全方位的分析，并对财富管理数字化转型的基本情况进行描述。

3. 问卷调查法

问卷调查是指由调查者按照已经设计好的问卷工具进行调查，被调查者按照问卷工具回答问题填写答案，从而搜集到可靠资料的一种方法。问卷调查作为目前社会科学研究领域使用较为广泛的一种研究方法，主要是借助调查问卷对所研究问题进行度量分析。

第六节 可能的创新之处

财富管理数字化转型逐渐成为学者关注的焦点问题，但是囿于有限的资料，对财富管理数字化转型分析所做的研究十分有限。本书的创新之处有理论创新、实践创新，以及用 CiteSpace 知识图谱文献计量法进行国内财富管理文献综述。

一、理论创新

1. 选题的前沿性和新颖性

关于财富管理数字化转型研究，目前国内的著作凤毛麟角，知网上的期刊论文也只有几十篇，研究如何应用人工智能、大数据、云计算和区块链等技术手段赋能财富管理价值链，进行数字化转型，具有前沿性。

2. 研究方法上的多元化

运用问卷调查、案例研究等方法，深度剖析如何进行财富管理数字化转型，调研对象包括第三方财富管理机构、公募基金管理公司、证券公司、保险公司、银行、私募投资基金、财富管理行业高净值客户及从业人员等，深化了本领域的理论和实践研究。

二、实践创新

本书基于国内外财富管理数字化转型的前沿理论和先进实践经验进行深入分析，对学界、业界和公众都极具价值。通过对中国财富管理数字化转型的现状、特点、驱动因素以及证券公司、银行等典型案例进行全方位、多角度分析，从而为财富管理数字化转型路径以及未来发展趋势提供理论依据和实践经验。

第七节　成果价值

本书的研究成果价值体现在两个方面：学术价值和社会价值。

一、学术价值

现有文献对财富管理研究多局限于财富管理的现状研究、业务工具介绍以及如何促进财富管理的繁荣发展等方面，缺少对财富管理数字化转型的系统性研究。因此，本书以 CiteSpace 文献计量法进行国内财富管理研究文献综述为切入点，深入分析财富管理机构数字化转型的案例，揭示财富管理数字化转型的动因、路径与趋势，拓展并完善财富管理研究的领域。

二、社会价值

伴随着经济的高速增长，我国居民收入和财富持续积累，投资理财与资产保值需求持续高涨，财富管理数字化转型任重而道远。在借鉴商业银行、保险公司等财富管理机构进行数字化转型先进经验的基础上，深入分析财富管理数字化转型提升路径，探讨财富管理数字化转型的未来趋势。

本书的社会价值如下：

（1）政府部门。为负责金融资产、财富管理的主要政府部门，如中国人民银行、中国银行保险监督管理委员会、中国证券监督管理委员会，以及地方财政局、地方金融监督管理局等相关部门提供决策参考。

（2）财富管理机构。为各财富管理机构数字化转型提供具体的方法借鉴，优化金融从业人员知识体系，以加快数字化转型，创新产品与服务。

（3）居民个人。为我国居民的投资理财与资产保值提供参考，提高财富人群认知，以达到降低风险、实现财富保值增值的目的。

第二章　文献综述——基于 CiteSpace 知识图谱的文献计量分析

本章主要对财富管理的国内综述进行系统梳理。以中国知网（CNKI）期刊库 2003~2021 年发表的财富管理论文作为数据来源，采用文献计量法，借助 CiteSpace 工具进行关键词分析、作者合作分析和作者-关键词耦合分析，首次用可视化知识图谱展现出国内财富管理研究的时间和空间分布特征以及演进脉络。结果显示，通过 CiteSpace 进行可视化分析，发现从时间序列上的文献分布、高产机构分布、作者分布、期刊分布等特点，细分为多个热点研究主题，其中研究热点呈现出渐次多元化的变化趋势；刻画了国内财富管理研究的新特点和新趋向，从财富管理研究方法等三个角度提出了未来可追踪分析的最新前沿方向。

第一节　文献来源与研究方法

1. 文献来源

2021 年进入中国知网数据库，选择"期刊数据库"，点击【高级检索】，以"财富管理"为主题，选择【精确匹配】，来源期刊设置为 SCI 来源期刊、EI 来源期刊、北大核心、CSSCI 和 CSSCD，其他检索条件均不限制，共检索到 2003~2021 年的 327 条相关文献。排除不相关及一稿多投等情况共筛选出 275 篇直接相关文献，将转换后的 275 篇文献记录导入 CiteSpace 软件，进行关键词分析、作者合作分析和作者-关键词耦合分析。

2. 研究方法

文献计量法是综合使用数学与统计学法进行文献信息分析的一种研究方法，通过研究文献的增长与分布特点对文献的数量及变化规律加以揭示。

CiteSpace 软件是信息可视化工具，可展现某一研究领域的知识地图和发展全貌，识别学科领域新动态和新趋势。

第二节　国内财富管理研究的时空分布特征

一、国内财富管理研究的时间分布特征

研究成果的历史性变化趋势可以从另一个角度或层面来反映研究领域的发展状况，为此，对国内财富管理研究的年度发文量进行了统计，如图 2-1 所示。

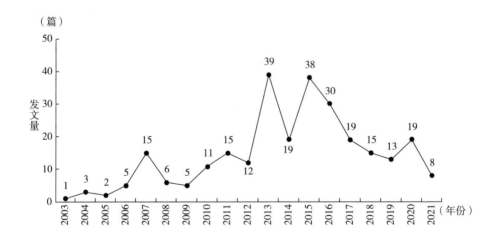

图 2-1　2003~2021 年国内财富管理研究文献增长趋势

资料来源：笔者根据中国知网 2003~2021 年论文数量经筛选后统计所得。

2006 年之前，我国财富管理研究方面，文献的发表量呈现较少的状态，且没有明显的增长趋势。自 2010 年开始，国内财富管理研究逐渐爆发，2013 年之后呈现出蓬勃发展之势。

衡量一个研究领域的发展状况，不仅限于研究成果的涌现，学术共同体规模的壮大也起到巨大作用。截至 2021 年，共有 328 人发表过相关研究成果，每年发表论文的作者人数如图 2-2 所示。

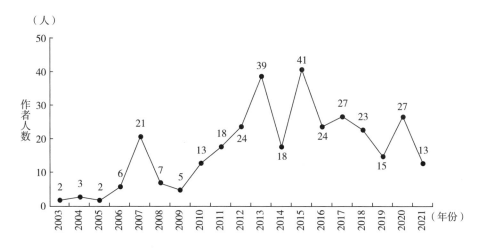

图 2-2　2003～2021 年学术共同体规模变动趋势

资料来源：笔者根据 CiteSpace 软件分析后对其得出的数据统计所得。

从图 2-2 可以看出，2003～2006 年研究财富管理的人员数量维持在一个较为稳定的水平，且总人数不多。在 2007 年人员数量增长较快，达到 21 人，而随后两年人数呈减少趋势。但自 2010 年起，每年的研究人数增长速度加快，在 2015 年研究人数达到最高值，且每年的研究人数总体趋于稳定。虽然每年研究财富管理的人数都有变化，但大体趋势是较为稳定的，说明是极具发展前景的研究领域。

二、国内财富管理研究的空间分布特征

1. 国内财富管理研究的高产机构

设置参数指标时把时间跨度设置为"2003～2021"，然后 time slice 设为 1，将"top N"调为"50"，以过滤掉每个 time slice 发文量在 50 名开外的机构和作者。最终得到了 541 个节点、531 条连线，密度为 0.0036 的机构-作者混合网络关系图谱。结果表明，发文量排在前五位的机构为中国社会科学院金融研究所、中国人民大学、交通银行、中国工商银行和中国社会科学院研究生院，它们的发

文量依次为38篇、19篇、14篇、9篇、9篇。在考察财富管理研究的机构分布情况时，从检索到的众多机构中选取发文量在3篇（及以上）的机构进行统计，统计结果如表2-1所示。

表2-1　国内财富管理研究的高产机构

机构	发文量（篇）
中国社会科学院金融研究所	38
中国人民大学	19
交通银行	14
中国工商银行	9
中国社会科学院研究生院	9
中信银行	6
中国民生银行	5
招商银行	5
北京大学	5
清华大学	4
华南理工大学	4
华夏银行	4
广发证券股份有限公司	4
山东工商学院	4
中国社会科学院财经战略研究院	3
中国银行	3
平安银行	3
对外经济贸易大学	3
中国社会科学院	3

图2-3为放大的全景视图的局部视图，其展现了中国社会科学院金融研究所不同作者之间的联系程度及与其他机构的发文合作情况。中国人民大学、交通银行、中国工商银行和中国社会科学院研究生院这四个机构的关系图谱与图2-3较为相似，故省略。

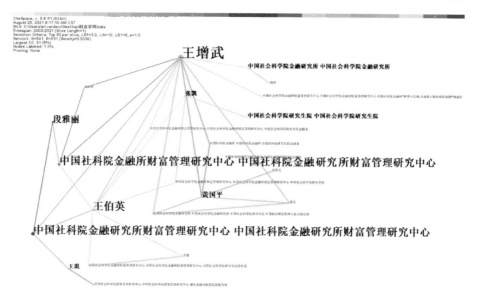

图 2-3 中国社会科学院金融研究所作者群体及其与其他机构的合作关系图谱

图 2-3 中，节点中心表示机构或作者，节点的直径大小代表了发文量的多少。作者彼此间的连线代表其建立的合作关系。结合统计数据和知识图谱可知，中国社会科学院金融研究所发文量为 38 篇，其作者群体按发文量排序依次为王增武（17 篇）、王伯英（8 篇）、段雅丽（5 篇）、黄国平（3 篇）等，而与中国社会科学院金融研究所合作的机构主要是中国社会科学院研究生院。

2. 国内财富管理研究的作者分布特征

作者的辛勤奉献对这一研究领域的发展起着至关重要的作用，尤其是高产作者有着不可磨灭的贡献。2003 年以来，中国财富管理研究的科研人员共有 328 人，而发文量在 3 篇（含）以上的作者就有 10 人，具体数据如表 2-2 所示。

表 2-2 国内财富管理研究的高产作者

作者	发文量（篇）
王增武	17
王伯英	8
吴晓求	7
孙芙蓉	6

续表

作者	发文量（篇）
段雅丽	5
牛锡明	4
唐嘉伟	3
黄国平	3
白光昭	3
杨峻	3

资料来源：笔者根据 CiteSpace 软件分析后对其得出的数据统计所得。

中国财富管理研究处在发展高峰期，已经形成一定的相对稳定的科研合作群体，作者之间有一定的关联（见图 2-4），作者的科研合作群体已初步形成。

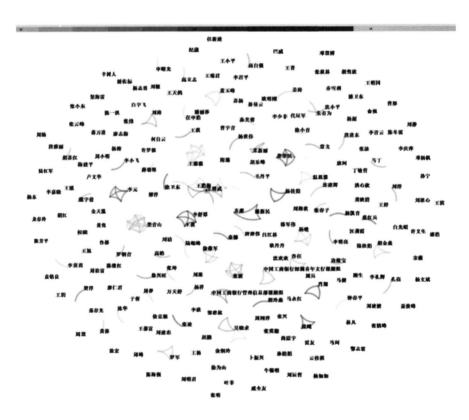

图 2-4 中国财富管理研究领域作者合作共现网络

3. 国内财富管理研究的作者和术语混合网络分析

分析作者和术语混合网络时，勾选【Top100%per slice】以确保图谱中包括全部作者与关键词，运行软件得到作者-关键词混合网络知识图谱。将 CiteSpace 软件中的"私人财富管理""资产管理"和"财富管理"统一合并后，显示出与其共现的关键词有商业银行、私人银行、私人银行业务、银行理财产品、高净值客户、理财产品、互联网金融、私人银行服务、银行理财、信托公司、金融科技、高净值人群、投资者、理财业务、收益率、金融创新、信托业务、智能投顾、风险偏好、资产配置、投资组合、普惠金融、综合化经营、信贷投放、投行业务和居民财富等。这些关键词从不同角度、不同层面展示了与财富管理有关的研究内容。这种可视化的知识图谱能够更加直观、迅速地对财富管理的研究轮廓进行轻松把握。

王增武的发文量排名第一，故图 2-5 围绕王增武，局部放大了呈现其研究方向的知识图谱。可以看到，代表其研究方向的关键词有商业银行、私人银行业务、信托公司、理财业务、银行理财产品、募集资金、人民币理财、私人银行客户、微观机理、中高端客户。

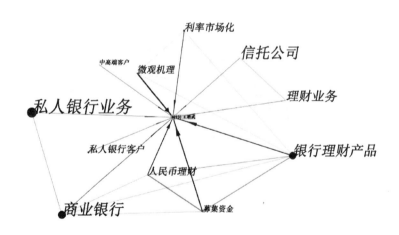

图 2-5　王增武的研究方向

4. 国内财富管理研究的期刊分布特征

刊载中国财富管理领域研究成果的期刊达到 64 种，其中发文量在 3 篇以上的期刊共有 14 种，它们分别为《中国金融》（63 篇）、《银行家》（61 篇）、《新金融》（22 篇）、《金融论坛》（13 篇）、《南方金融》（11 篇）、《西南金融》（8

篇）、《金融理论与实践》（7篇）、《上海金融》（6篇）、《经济导刊》（5篇）、《农村金融研究》（5篇）、《金融发展研究》（5篇）、《财贸经济》（3篇）、《财会月刊》（3篇）、《证券市场导报》（3篇），说明这14种期刊对于财富管理相关研究具有较强的发文偏好，是展示国内财富管理研究成果极其重要的舞台。14种期刊共刊载财富管理研究文献215篇，占相关研究文献总量的78.2%，其余50种期刊的载文量约占21.8%。由此可见，期刊分布的特征表现为高度集中与相对离散并存（见表2-3）。

表2-3　国内刊载财富管理研究成果的期刊

重点来源	分布（篇）
中国金融	63
银行家	61
新金融	22
金融论坛	13
南方金融	11
西南金融	8
金融理论与实践	7
上海金融	6
经济导刊	5
农村金融研究	5
金融发展研究	5
财贸经济	3
财会月刊	3
证券市场导报	3

资料来源：笔者根据中国知网分析后对其得出的数据统计所得。

第三节　财富管理的具体研究主题

众所周知，学术论文中的关键词，通常能够直接或间接地阐述该文的主题内容。所以本书使用 CiteSpace 信息可视化软件分别绘制财富管理在上述时间段的关键词共现网络知识图谱，进而展现我国财富管理研究的主题演进。2003~2021年中国财富管理研究的关键词共现网络知识图谱如图2-6所示。

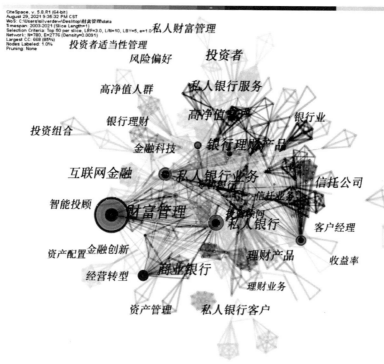

图 2-6 2003~2021 年中国财富管理研究的关键词共现网络知识图谱

通过逐一阅读 275 篇文献并分析，结合软件提示，财富管理的研究成果具体分析如下：

财富管理的研究成果主要分为现状研究、业务工具、发展策略和互联网金融四个方面。其中财富管理研究中有关现状研究的文章共 68 篇（占比为 24.7%），有关业务工具的文章共 113 篇（占比为 41.1%），有关财富管理发展策略的文章共 43 篇（占比为 15.6%），有关互联网金融的文章共 23 篇（占比为 8.4%），另外还有其他类成果研究共 28 篇（占比为 10.2%）（见表 2-4）。

表 2-4 2003~2021 年研究成果的年度分布   单位：篇

类别 年份	现状研究	业务工具	发展策略	互联网金融	其他
2003	0	0	0	0	1
2004	1	0	0	0	1

类别\年份	现状研究	业务工具	发展策略	互联网金融	其他
2005	0	1	1	0	0
2006	3	3	0	0	0
2007	6	6	0	0	3
2008	0	3	3	0	0
2009	1	1	2	0	0
2010	4	4	3	0	0
2011	5	7	1	0	2
2012	4	3	4	0	1
2013	9	21	3	2	2
2014	4	5	3	4	2
2015	14	14	6	1	3
2016	5	14	5	4	3
2017	5	1	4	4	6
2018	2	8	1	3	1
2019	3	7	3	0	2
2020	2	9	4	3	1
2021	0	6	0	2	0
合计	68（24.7%）	113（41.1%）	43（15.6%）	23（8.4%）	28（10.2%）

由表 2-4 可知，业务工具类的文献研究占总文献将近半数的比重，是学者研究的主要领域。其次是现状研究类，占据份额相对较多。发展策略类与互联网金融类的学术文献占比分别为 15.6% 和 8.4%，属于尚待发展的领域。基于每个主题在每个年度的发展趋势（见图 2-7）而言，可以得出业务工具和现状研究这两类学术研究文献数量增长得比较迅速，发展策略类研究文献数量则表现相对平缓，并且每个年度之间差异表现不大，互联网金融类相关研究 2013 年才开始出现。

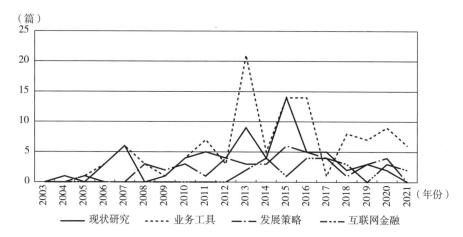

图 2-7　各研究主题的文献变动情况

资料来源：笔者根据对所有论文逐一分析后统计所得。

一、财富管理的现状研究

财富管理的现状研究，根据研究内容主要分为五类：内涵、特点、相关理论、问题及对策和发展趋势。具体研究主题和代表作者及年份如表 2-5 所示。

表 2-5　财富管理的现状研究

现状研究	内涵	曹彤（2009），王增武等（2014），李君平（2014），孙娟娟（2017），王增武（2018），等等
	特点	张立军（2007），雷友（2013），马珂（2014），李礼辉（2016），吴晓求（2020），等等
	相关理论	王增武等（2014），李君平（2014），等等
	问题及对策	梅建平（2013），颜红（2013），巴威（2013），胡金焱（2015），白宇飞（2015），于蓉（2016），李苗苗（2017），白光昭（2020），等等
	发展趋势	牛锡明（2011），王胜（2013），林凡（2013），张慎峰（2013），张凯（2015），等等

王增武等（2014）在家庭生命周期消费函数理论的基础上，提出了以财富保值、财富增值、财富保障和财富继承为目标的财富管理定义。他认为财富管理的理论基础可以追溯到帕累托提出的二八定律，并提出了一种基于均值-方差的财富管理理论。李君平（2014）则着重强调了私人财富管理。私人财富管理主要是

针对高端客户的私人化服务，以期通过系统化管理满足客户的个性化需求。帮助客户实现财富增值。与此同时，从资产配置理论和生命周期理论的角度阐述了财富管理业务的理论基础，并根据实际情况，在财富规模逐步扩大、财富监管进一步开放的背景下，财富管理市场具有广阔的发展前景。李礼辉（2016）认为，财富管理必须考虑到营销市场化和专业化的特点。白光昭（2020）提出，高校应通过构建财富管理人才培养体系，教材体系和课程体系，推动学科+财富管理的发展，不断夯实高校的财富管理特色。

二、财富管理的业务工具

财富管理的业务工具，根据研究内容主要分为三类：财富保障型工具、财富传承型工具和财富增值型工具。具体研究主题和数量占比如表 2-6 所示。

表 2-6　财富管理的业务工具

	类别	数量（占比）
业务工具（113 篇）	保障型工具	7 篇（6.2%）
	传承型工具	19 篇（16.8%）
	增值型工具	87 篇（77%）

1. 保障型工具

财富管理的保障型工具，根据研究内容主要分为保险和房产两类。具体研究主题和代表作者及年份如表 2-7 所示。

表 2-7　财富管理的保障型工具

保障型工具	保险	苏扬（2013），李少非（2015），王增武（2015），周延礼（2019），李小飞（2021），等等
	房产	王小平（2016），周延礼（2019），等等

苏扬（2013）指出，在资产管理 3.0 阶段，人们的财富管理不仅限于储蓄和现金管理，保险业也将迎来新的发展。王小平（2016）认为，不动产的消费、投资、保值和商业交易非常重要，但这在中国当前的财富管理实践中被忽视了，实

第二章 文献综述——基于 CiteSpace 知识图谱的文献计量分析

际上住房养老也同样是个人财富管理的一项创新。周延礼（2019）认为，保险作为财富管理的必要金融工具，不仅可以提供财产保护、医疗保健，投资和融资，同时也提供财富传承、高净值家庭税收计划等。随着财富管理对保险的需求的逐渐增加，保险在财富管理中的作用将越来越重要。李小飞（2021）认为，随着人们健康意识的逐渐增强，保险业将成为未来财富管理的重点。

2. 传承型工具

财富管理的传承型工具，根据研究内容主要分为公益慈善、家族传承、信托和资产管理公司。具体研究主题和代表作者及年份如表 2-8 所示。

表 2-8 财富管理的传承型工具

传承型工具	公益慈善	王伯英（2016），王增武（2016），等等
	家族传承	刘冰心（2015），王瑞君（2016），缪洋（2018），张春子（2019），高皓（2020），梅傲（2020），等等
	信托	杨凯育（2012），潘卫东（2013），邱峰（2014），宋薇（2019），朱明（2020），马永红（2021），等等
	资产管理公司	胡江（2013），卜振兴（2020），等等

潘卫东（2013）强调，信托业应充分发挥信托制度的自由、财产、权利、利益和法律责任分离的特点，推动企业的逐步升级，实现社会金融职能向社会财富管理职能的转变。刘冰心（2015）认为，财富管理行业家族信托业务的迅猛增长呈现出家族信托是未来财富管理的重要趋势之一。缪洋（2018）认为，家庭遗产管理的财富可以通过塑造价值观和使命感、优化管理结构、培养继承人等途径来提高。梅傲（2020）指出，公有制经历了从继承到保险和信托的转变过程，赡养协议的继承制度是中华民族智慧的结晶，继承财富的两种新工具——人寿保险和信托的出现，从根本上细化了社会分工。

3. 增值型工具

财富管理的增值型工具，根据研究内容主要分为银行理财、基金、股票、证券、期货、海外投资、第三方理财和艺术品资产等。具体研究主题和代表作者及年份如表 2-9 所示。

·25·

表 2-9　财富管理的增值型工具

增值型工具	银行理财	赵鹏（2007），蒋松荣（2013），李迅雷（2014），周兵（2016），王明国（2016），孔亮（2020），王旭（2021），等等
	基金	王玥（2013），刘遴（2013），王琪（2014），李锦成（2014），杨世伟（2015），等等
	股票	杨世伟（2015），吕江林（2018），等等
	证券	盛浩（2012），吴晓求（2018），陆岷峰（2018），张同胜（2020），等等
	期货	刘运哲（2010），王增武（2013），等等
	海外投资	王增武（2016），鄂志寰（2021），等等
	第三方理财	杨东（2015），王增武（2016），李仁杰（2016），黄国平（2016），王增武（2020），等等
	艺术品资产	马健（2010），黄隽（2018），曾丽春（2019），等等

陆岷峰（2018）指出，银行、保险公司、证券公司、信托公司、第三方金融机构是目前资产管理市场的主要参与者。梅建平（2013）认为，商业银行的资产管理是未来商业结构的重要组成部分。林凡（2013）指出，基金业是资产管理行业的重要组成部分。孔亮（2020）提出，未来的资产管理实践应该促进保险业和银行资产管理的协调发展。陆金所 KYC 项目团队通过研究发现，网络平台提供的产品投资门槛低，受众广泛，实际操作性强，能很快地接触到投资者，促进互联网金融的快速发展。

三、财富管理的发展策略

财富管理的发展策略，根据研究内容主要表现在完善制度环境、拓宽市场空间、创新金融产品、培养专业人才和培育财商意识等方面。具体研究主题和代表作者及年份如表 2-10 所示。

表 2-10　财富管理的发展策略

发展策略	完善制度环境	俞炯玲（2011），谢平（2013），辛树人（2015），李嘉晓（2017），许罗德（2017），等等
	拓宽市场空间	顾生（2008），刘凌波（2014），李新（2015），杨超（2015），王小琪（2018），等等

发展策略	创新金融产品	王滨（2010），张坤（2016），邓扬帆（2015），康珂（2016），于蓉（2016），王小琪（2018），云佳祺（2019），等等
	培养专业人才	代星军（2009），雷友（2013），梅建平（2013），谷任（2017），缪洋（2018），等等
	培育财商意识	白光昭（2020），王杨（2020），等等

辛树人（2015）主张，应逐步推进管理财富的中心建设，完善相关制度，完善相关措施，培养专业人才，开放国内外市场，充分利用两个市场的两种资源。梅建平（2013）强调，在管理财富的过程中，为了培养复合型金融人才，要充分利用各种条件。中国工商银行管理信息部课题组通过研究，指出通过金融产品的创新，不断推进富裕管理机构的完善，预防金融创新过程中发生的各种风险，加强员工的激励和教育，可以提高财富管理水平。王杨（2020）指出，正确的财富观关系到对财产的理解，在财富的获取、使用和管理上，应着力于培养青少年健康的财富观，培养财商意识，促进财富管理理念深植人心。

四、互联网金融背景下的财富管理

互联网金融背景下的财富管理，根据研究内容主要分为金融科技、金融创新、平台模式和数字化转型等。具体研究主题和代表作者及年份如表 2-11 所示。

表 2-11 互联网金融背景下的财富管理

互联网金融背景下的财富管理	金融科技	曹宇青（2017），杨峻（2018），刘继兵（2018），陈静（2020），隋璐（2020），金天胤（2021），侯晓（2021），等等
	金融创新	陈海强（2013），常戈（2014），董玉峰（2016），周治富（2017），黄林（2017），李苗苗（2017），王聪聪（2018），等等
	平台模式	龚映清（2013），吴晓求（2015），陆岷峰（2016），王腊梅（2016），杨峻（2016），等等
	数字化转型	隋璐（2020），等等

陆岷峰（2016）认为，网络金融业务表现出结算网络、贷款网络、股票融资网络、保险网络、基金销售网络、信托网络、消费网络七种业态，不同的企业、

传统的财富管理市场经历了深刻的变革。王聪聪（2018）强调移动通信、数据、云计算等信息技术的迅猛发展，革新了传统金融科技，以网络金融技术为基础的网络金融业务的发展和用户的增加推动了金融科技的进一步发展。随着网络金融平台的发展，数字货币、传统金融服务智能化等领域取得了巨大进步，也面临着新的挑战，同时指出，网络金融平台可以分为融资平台和贷款平台两种。杨峻（2016）强调，网络资产管理平台应以风险管理为核心理念。隋璐（2020）指出，经济、技术、金融平台的急速抬头导致了财富管理的数字化变革。面对线上线下相融合的财富管理发展格局，应逐步推动产学研合作，加快中小企业的综合革新和结构创新，建立以顾客为中心的产品构建服务系统，打开通道，加快组织结构变革，构建符合中国国情的投资咨询平台，促进中国数字资产管理转变。华泰证券公司通过研究发现，数字化财富管理的发展应以顾客为中心，围绕价值链的构建发展线上线下相融合。

第四节　述评

一、研究成果贡献

财富管理研究日益成为学界关注的热点，是一个极具发展前景的研究领域。家庭财富的不断增长，推动了学者对财富管理的研究，涌现了许多成果，具体体现在以下两个方面：

1. 研究成果和研究能力逐步提高

财富管理研究已经形成相对稳定的科研合作群体，如王增武、王伯英、吴晓求等学者的研究成果相对较多，研究能力和相互间合作能力在不断提升。在研究成果方面不仅表现为发文数量增多，还体现在研究机构分布、作者分布及期刊分布呈现多样化发展趋势，以及对最新前沿的关注。

2. 研究热点呈现渐次多元化的变化趋势

通过对文献进行逐一阅读分析，结合 CiteSpace 工具的可视化图谱，将财富管理的研究成果分为现状研究、业务工具、发展策略与互联网金融，虽然研究主题相对集中，但研究热点呈现多元化，一些实践和理论中的热点问题渐渐被学者所关注，这对国内财富管理研究的发展具有重要的现实指导意义。

不仅如此，学者对国内财富管理的渐热研究促进了各界学者的相互探讨，还有作者与其他机构的合作情况也在渐渐增多，据前文分析可知中国社会科学院金融研究所发文量较高，这些研究开辟了国内财富管理研究领域的蓝海。

二、研究不足与展望

1. 财富管理研究的不足

（1）研究热度逐渐消减。从年度发文量方面看，我国财富管理领域的研究文献近年来有逐渐衰减之趋势，显示出我国研究者对财富管理领域研究缺乏热情。

（2）研究方法不足。经过梳理 275 篇样本文献发现，学者的研究更多是采用定性方法，偏重于宏观层面的分析。由于资料的有限性和难获得性，学者运用定量分析方法对财富管理微观层面的研究较少。

（3）研究领域片面。从财富管理研究的文献分布来看，学术界大多将焦点放在财富管理的现状研究、业务工具介绍以及如何促进财富管理的繁荣发展等方面，缺失对财富管理相关理论的系统性研究。

（4）财富管理数字化转型的研究相对匮乏。在 275 篇样本文献中，与对财富管理数字化转型的研究直接相关的文献仅有 2 篇，占比仅为 0.7%。

2. 财富管理研究的展望

（1）拓宽财富管理的研究领域。基于对样本文献的计量分析，并结合我国财富管理研究的发展现状和实际需求，应加大对财富管理的研究对象、研究范围、研究深度的拓展。

（2）研究方法呈多元性发展。未来仍需在研究方法的多元化上有所创新，可借鉴其他领域研究方法，综合运用定性和定量方法深入对财富管理的微观性研究。

（3）增加对财富管理数字化转型的研究。随着居民财富的不断增加和互联网金融迅速发展，规模庞大的中国财富管理市场呈现"数字化"趋势，因此，学者们应深度剖析如何进行财富管理数字化转型，拓展本领域的理论研究。

第三章 财富管理数字化转型理论基础与特征

第一节 财富管理数字化转型理论基础

一、现代资产组合理论

1952 年，马科维茨提出现代资产组合理论，为现代证券投资奠定了理论基础。这个理论以两个原则为基础：一是分散投资原则，即以投资者为中心的投资活动关注的是预期收益和预期风险之间的比例。投资者的主要目标是在整个股市中选择一揽子股票，使最大化单位收益的风险水平最小化。二是相关系数对投资组合的影响是反映两个随机变量之间的共同方差程度的相关系数。

综上所述，第一，现代资产组合理论的主要目的是从根本上消除投资风险。市场风险可分为个人风险和系统风险。现代资产组合理论指出，一些风险与其他证券无关。第二，投资多元化不仅指股权投资的多元化，还指股票、债券和房地产等多层次投资。第三，基于市场有效性和投资者规避风险的假设，对各种投资风险进行了测度，合理设计基金组合，实现了最佳收益，最后假设投资者的投资组合选择会基于金融资产的预期收益和基准差。

二、持久收入理论

持久收入理论是由美国著名经济学家弗里德曼提出的。居民消费不依赖于绝对实际收入、实际收入和以前最高收入的比例，而是依赖于居民的持续收入。持久收入理论将居民收入分为持久收入和临时收入，持久收入为近几年的平均收入，临时收入是指短期内获得的收入，是指临时收入加上正向收入（意外奖金）或负收入（被盗窃等）。只有持久收入才能影响消费。换言之，消费者决策是基于长期收入水平的而不是暂时收入。

三、生命周期理论

美国经济学家弗兰科·莫迪利安尼提出了生命周期理论。生命周期理论指出人们长期规划消费，将获得整个生命周期的最佳消费分配。人们在第一阶段参加工作，在第二阶段进行纯消费，因此他们需用第一阶段的收入来弥补第二阶段的消费。一个人的消费、可支配的收入和财富的界限取决于年龄。因此，与一生平均收入相比，收入高（低）的情况下，储蓄表示高（低）。总体经济取决于经济增长率和人口年龄分布变量。一般来说，根据生命周期理论，个人消费和储蓄是由生活收入组成的，因此财富必须在高收入时期积累。

四、金融科技理论

金融科技可以解释为金融+科技。金融技术是指基于人工智能（A）、区块链（B）、云计算（C）和大数据（D）的金融创新。国际组织金融稳定委员会认为金融科技是一项金融创新，可以创造新的模式、新的业务和新的产品，有效地提高金融交易效率。

1. 人工智能

人工智能作为一门跨学科的综合性学科，旨在借助现代高科技提高计算机能力，以使计算机完成复杂的任务。人工智能技术可以通过复杂系统模拟人们的意识和思考过程，从而取代部分体力劳动。可把人工智能分成三个层次：第一个层次是构成云计算基础的大数据、传感器等核心层。第二个层次是包括语音识别、图像识别、机械学习等的技术层。第三个层次是包括认知算法、遗传算法、神经网络等的应用层。

作为金融科技的基础，人工智能已被广泛应用于投资和金融服务领域。在财富管理领域，通过人工智能，财富管理机构可以利用深度学习算法优化投资模式避免市场风险，抓住全新契机，优化金融投资。

人工智能给金融领域带来了深刻的变化。AlphaGo 的胜利发出了一个信号，令人难以置信，人工智能或将取代人类的各个领域。国内外很多先进金融企业都在积极投资这个领域的研发，尝试基于人工智能利用智能算法和大量数据进行投资。

2. 区块链

区块链是一种新的计算机应用技术，包含分布式数据存储、点对点传输、共享机制、加密算法等。从本质上讲，区块链是一个分散的分布式数据信息共享系统，它能够使用加密的方法将多个数据块关联起来，每个数据块上的验证信息包含用于生成下一种货币的网络交易。区块链分为公共区块、联合区块和私有区块。区块链系统由数据层、网络层、公共识别层、激励层、节点层和应用层组成，具有分散、无篡改、可追溯、集体维护和透明的特点。

3. 云计算

作为云计算发展的基础资源，虚拟化基础设施是由克里斯托弗·斯特雷奇在1959年首次提出的概念。随着金融科技的发展，云计算能够同时借助多个计算机进行数据处理，从而产生强大的网络计算服务。随着计算机和大规模网络技术的发展，企业需要购买大量计算机来处理业务信息，但是数据中心的建设和维护成本高，能源、运输和维护成本远高于投资成本，于是云计算服务应运而生。

云计算的诞生能够推动金融科技的发展。目前，云计算已发展成为金融业数字化转型的核心技术，基于云计算包括银行、证券和保险业在内的金融业数字化转型建设过程将继续深化。移动互联网时代财富管理业务的数字化转型有赖于云平台的技术支持。

4. 大数据

随着计算机、手机、互联网的普及，数据量与日俱增，人类社会已经进入数据时代和信息时代，大数据是社会数据积累的过程，也是人类信息化发展的结果。它在人工智能的发展中发挥着重要作用。2008年，在《大数据时代》一书中第一次使用了这个理论，并指出大数据是对数据的处理分析而不是指并未经处理的样本数据。对于不同类型的资产数据，需要使用新模式来处理。在因果关系的研究中，人们可以利用大量数据，大大提高对事物的认识，并利用大量数据做出正确的决定。

国际联合数据中心认为大数据有四个主要特征：①大量数据（Volume），过去和现在都有大量的数据被记录和存储，但具有相似性质的样本数据没有绝对的数值限制。②高速数据流和动态数据系统（Velocity），为了保证数据的实时性和高速数据流，动态数据系统必须在短时间内采集、处理和分析大量的数据。③数据类型的多样性（Variety），包括结构化和非结构化数据以及数据源的多样性。④大数据分析的价值（Value），在于利用大数据分析和预测生产活动。

随着我国经济结构向新的高度发展，财富管理行业的经营模式正在迅速发生变化。资产管理机构已从传统的线下金融服务向综合性的金融服务转变。财富管理机构借助大数据技术，优化了金融交易流程，实现了精准营销，极致客户体验，增强了与客户间的有效互动，有效提升了客户价值。

五、互联网金融理论

互联网金融的核心是信息技术，它将覆盖金融部门的所有方面，借助于信息技术的发展，金融产品的创新力度显著增强。移动互联网的发展也迅速拓宽了金融产品、结算、移动交易、资产交易等金融用户的范围，使金融服务成为现实，极大地提高了全球金融服务的覆盖率。

互联网金融的特征如下：第一，具有综合普惠性，摒弃了传统的二八定律，充分发挥了长尾理论。第二，可以很低的成本覆盖廉价高效的大规模格式。第三，降低信息的不对称性。地球上不管发生的事情有多遥远，但有人在的地方信息就能传递过来。这大大降低了信息不对称性，这不是获得信息与否，而是选择多余的信息进行过滤。互联网金融理论的产生能够有效传递客户信息，增强用户体验，提高金融交易效率，提升顾客满意度。

第二节　财富管理数字化转型特征

1. 线上化

资产管理者在以数据和技术为导向的端到端创新价值取向的基础上，可以建立业务关系，与可靠的客户进行在线沟通，实行线上化，实现科学的数字化服务，能为客户提供更便捷、更高效的服务。

2. 便捷/轻型化

通过互联网、移动终端、视频、机器人等交互方式，可以随时提供高效、便捷、连续的服务体验。凭借强大的数据共享功能，管理者可以快速从大量数据中提取有效信息，并进行共享，基于平台敏捷性为客户提供服务体验。

3. 精准化

科技可以使资产管理更加精准，数据挖掘可以使机构更好地了解客户，数据分析可以使机构更准确地预测客户投资趋势。通过技术和数据分析工具，可以正确分析财富管理市场信息，科学规划财富，以提供精准的服务。

4. 个性化

科技可以使资产管理更加个性化，降低采购成本，使每个人都能得到专业的投资建议，而先进的算法能够真正满足成千上万客户的不同需求。

5. 专业化

互联网技术使资产管理能够克服时间和空间限制，实现自动化，并帮助客户提高资产管理的效率、准确性和个性化。

第四章 财富管理数字化转型驱动因素

财富管理数字化转型无疑是来自不同国家和地区的金融机构在未来五年甚至十年所面临的共同趋势。这是由金融机构当前所面对的共同挑战决定的，财富积累、金融科技、智能投顾、数据建设、用户体验、产品创新与金融机构财富管理的数字化转型直接相关。

第一节 财富聚积

罗曼·罗兰曾经说过，"财富令人起敬，它是社会秩序最坚固的支柱之一"。当一个社会的总财产大部分掌控在极少数的人手里时，社会对财富管理的需要还是比较局限的，传统的服务市场能够解决财富管理需要。但是，当一个社会的总财富不断累积、社会财产分配制度不断健全、社会中产阶级急剧增加之时，社会对财富管理的需要将出现爆发式上升的态势，并由此带动了各种财富管理的服务机构的大量涌现。

2020年，面对世界经济复苏乏力、"逆全球化"思潮和经贸摩擦持续等外部不稳定不确定性因素增加的国内外环境，尤其是在受新冠肺炎疫情的严重冲击影响下，中国经济继续保持了总体平稳、稳中有进的发展态势，2020年全年国内生产总值（GDP）为1015986亿元，比上年增长2.3%，经济社会发展主要目标任务完成情况好于预期。显然，财富的不断积累为财富管理市场备好了"粮草"。

第二节　金融技术

在原始金融形式和原始服务模式相对统一、金融供给严重短缺的背景下，高科技金融打破了一些金融机构的垄断。按照金融技术一以贯之的平等包容的理念，金融科技推动了金融服务的全面发展，让越来越多的人能够更快、更便捷地进行金融交易。金融技术的发展也催生了多样化的金融服务形态，比如以第三方支付为代表的支付宝；以互联网为核心的天天基金、中安保险、网络贷款等，都与金融科技的发展息息相关。随着这些金融服务形态的普及和用户体验的极致化，与日俱增的金融客户尝试借助非金融机构进行金融交易。

通过对我国金融技术现状的调研可以发现，我国参与财富管理的金融机构主要有三种类型：以商业银行、证券公司等为代表的传统金融机构，以京东、阿里为代表的互联网企业以及以科技公司为代表的服务机构。目前，金融服务方式主要囊括互联网支付、互联网理财、互联网借贷等。随着金融技术的持续发展，未来所呈现的形态还会不断地推陈出新。

目前金融技术主要包括区块链技术、大数据和云计算以及人工智能三大块。

1. 区块链技术

作为一种分布式公共分类账本，区块链技术是由所有参与者共同检查、验证、记录和维护的。由于区块链技术具有安全性能高、交易透明、不可篡改性及点对点直接交换价值等特点，它可以有效降低交易风险，减少运行成本。现在，区块链技术广泛应用于数字货币、跨境支付、证券结算等金融领域。随着金融技术的进一步发展，区块链技术在将来极有可能革新金融业的基础设施，并推动金融生态的发展。

2. 大数据和云计算

大数据作为新一代信息技术和服务业态，可以分析大量分散的数据资源，提高创新能力。众所周知，金融领域是"数据金矿"，这为大数据的应用提供了较好的基础，近年来，大数据的运用让金融机构在客户画像、信贷融资、精准营销等方面取得了良好的效果。作为一种充分利用数据资源的全新的金融业态，云计算有效地推动了信息技术的发展，有利于实现信息共享和资源创新，是信息化发展的重大变革和必然趋势，极大地降低了金融创新和准入门槛。

3. 人工智能

人工智能的出现取代了大规模的低端分析活动，有效地改善了风险定价模式，减少了情感干扰障碍。金融机构借助人工智能技术可以更加便捷地从金融数据中提取大量有效信息，经信息研判后反馈至金融决策机构，进而减少信息的不对称，促进金融业的发展。

金融技术在助推科技创新、发展普惠金融、促进数字化转型方面具有诸多积极作用。

（1）金融技术助推财富管理的稳健转型。金融技术的发展使财富管理行业发生了彰明较著的变化。在资产端，与传统金融产业模式的深度融合能够更好地帮助金融机构及时捕捉信息。在财富端，在大数据迅猛发展的催动下，客户画像的概念逐渐被广泛认可并应用。金融机构不再满足于通过客户反馈的信息去判断客户需求，而是更偏向于运用统计分析模型科学地获取客户的行为数据，助力挖掘客户需求、优化客户体验。在后台运营中，金融技术助推金融交易透明化，所有数据从生成、修改到归档的全过程留痕，使财富管理机构真正实现了数据信息的防篡改、防丢失、防泄露，使财富管理的运转风险更加可控。

（2）金融技术助推财富管理的普惠性发展。受制于财富管理门槛，金融科技的运用推动财富管理变得更加普惠包容。居民收入总量的不断增长给理财市场带来了巨大的发展潜力。从供给侧看，金融技术突破了专业投资顾问的人才供应局限，让专业化的投资建议惠及更多的客户群体，扩大了理财服务的触达范围；就需求侧而言，金融技术能够大大降低专业财富管理的成本，从而降低服务费用，使财富管理不再成为富人的专属，从而"飞入寻常百姓家"。

（3）金融技术助推财富管理的数字化转型。金融技术一方面为财富管理的发展提供了新的契机，另一方面也提高了财富管理的数字化水平。

（4）金融技术助推财富管理的专业化。目前我国财富管理的数字化转型还处于起步阶段，亟须借助云计算、大数据、人工智能等金融科技迎合市场需求，有效推动财富管理的专业化发展。首先，科技可以提高资产管理的效率，互联网技术可以推动资产管理克服时间和空间界限，科技自动化有助于提高客户资产管理的效率。其次，科技可以使资产管理更加精准，数据挖掘可以使机构更详细地了解客户，数据分析可以使机构更准确地预测客户趋势。最后，科技可以使资产管理更加个性化。每个客户都能够以较低的收购成本获得专业化建议，以满足成千上万人的需求。财富管理得更加高效、更加精准、更加个性化，促使财富管理变得更加专业。

（5）金融技术使财富管理更加开放。金融科技可以使竞争性的财富管理格局变得更加开放，科技可以使生态竞争与数字财富管理之间的合作多样化，以传统商业银行为代表的资产管理公司将不再主导市场，更多的新兴参与者将会出现。

第三节　智能投顾

智能投顾是互联网金融发展的产物，开启了财富管理数字化转型的新时代。作为一种基于算法程序和数字技术的资产管理服务在线工具，智能投顾能够以互联网平台为媒介为客户提供个性化的投资建议，在线评估客户的投资偏好并运用大数据分析、定量模型、智能算法等技术手段，科学分析出客户的最佳投资方案，进而针对不同客户的需求，提供个性化、智能化的投资理财服务。

智能投顾的发展得益于两个因素：一个是，个人财富的积累和金融市场的迅猛发展使个人投资者对财富管理的需求日益增长。越来越多的互联网用户共同努力，借助互联网金融获得财富管理的最优方案。另一个是，金融和技术革命对中国有着深远的影响。计算机技术和人工智能的发展带来了金融创新。客户依赖互联网平台进行的资产管理迎合了客户的金融需求，大多数金融机构都尝试通过智能投顾在中国建立财富管理市场。

在我国，智能投资顾问有着广阔的发展前景，其优势体现在以下几点：

一是技术优势。智能投顾借助不同的智能算法进行相关假设，通过分析客户数据调整金融产品和服务。基于投资组合理论、相关数据模型和机器学习等金融科技，智能投顾能够通过采用分散投资的方法以降低投资风险，运用投资定价模型分析并评估资产价值并通过 Beta 消除系统性风险，根据全球金融市场数据计算预期收益，并创建基于全球市场的分配模型，确保其投资计划原则上与全球投资者的总体投资方向一致，向客户提出相应的投资建议。

二是成本优势。智能投顾在金融交易活动中仅需要较少的人力帮助甚至可以不依靠任何人工干预，而且成本费用较低。此外，他们的在线服务模式也为投资者提供了便利。

三是算法优势。智能投顾根据算法结果向客户提供最优的投资方案选择。在复杂的投资环境中，先进的算法可以提供比人脑更精确的咨询服务，避免潜在的行为偏差，减少人为错误、风险和不确定性的发生，确保同类型的投资客户能够接受相同或类似的方案，以确保投资方案的一致性。

四是效率优势。目前，我国人工投资顾问的服务范围和效率极为有限。通过互联网平台，智能投资顾问已经从以前的高净值客户群扩大到了低净值客户群，让财富管理变得更加普遍。在线投资者只需在智能投顾论坛的问卷调查中输入相关信息，就可以获得适合自己的投资方案，极大地提高了服务效率。

随着数字技术在投资咨询应用领域的普及，智能投顾模式主要利用对这些长尾客户的高级数据分析，实现高度个性化的金融理财服务以为这些客户带来高质量的体验。无论是独立的智能投资咨询公司还是成熟的资产管理机构，智能投顾都得到了深入的培育和发展。同时，在线投资顾问的服务质量在未来将通过"网络评分和反馈"变得更加透明，行业评价对于获取新的客户关系非常重要。

目前，我国金融机构的智能投顾大致可以分为三种类型：一是独立的第三方平台，二是基于互联网公司的智能投顾，三是传统金融机构。智能投顾的优势是能够通过大数据和算法分析客户的投资偏好，使投资者获得最佳投资组合策略。

智能投顾对数据的分析和使用体现在以下两个方面：

第一，客户画像。通过收集并分析客户的相关信息（包括年龄、财务、投资偏好等），智能投资顾问可以评估客户的风险承受能力和投资偏好，并为成千上万的人提供独具特色的定制化投资策略。

第二，投资策略研究。当前，大部分的资产投资方案都基于马科维茨投资组合理论，通过建模和计算机控制比较资产配置的结果。

更广泛地说，数字化财富管理是由智能投资顾问发展而成的，智能投资顾问提供全面的系统化管理。当前，大多数的金融机构已经开始研究和开发更加个性化和更准确的资产配置系统。除为客户提供最佳的资产投资组合外，数字化在智能的投资研究、前端客户的取得和整体的资产计划中也发挥着重要作用，具有横向进程整合和客户市场细分化的特点。

第四节　数据基建

作为财富管理数字化转型的基础，数据能够连接一切，细化客户需求，极致客户体验。金融服务无处不在的基础是数据和信息的互联互通。大数据思维和相关技术的迅猛发展，加快了对海量数据的规模化处理和分析，推动了各行各业的发展进步。基于海量数据，财富管理机构较早便投入了大数据的规模化应用，极大地提升了金融服务的效率。数据不仅能够描述客观事实，还能够反向驱动业务发展。财富管理机构可以通过数据串联客户所处环境，经过数据分析完整地拼凑出客户画像，洞察客户需求。在数据获取的过程中，数据越完整越能贴近客户。与此同时，贴近客户，能够获得更加精准的数据信息，以便更好地服务客户，洞察客户需求。据估计，到 2030 年，数据可能会成为财富管理机构功成名就的有利筹码，数据分析将全方位渗透到所有财富管理业务。

作为一种"隐形资产"，数据在大数据时代早已深入到各行各业。就金融市场而言，大数据的规模化应用已从传统的商业银行迅速蔓延至财富管理行业，金融机构早已基于财富管理业务建立起各自的数据模块，打造了从数据收集、分析、转换到应用的一体化流程。通过对客户数据的收集与深入分析，有效洞察客户需求，以客户投资偏好为依据提供最优选择，进一步提升交易效率，创造价值的最大化。

目前，财富管理机构在大数据方面的应用主要集中在以下四个场景：精细化打造 360 度的客户画像、大数据驱动的精准化智能投顾、智能化金融交易管理及中后台运营优化。

1. 精细化打造 360 度的客户画像

随着大数据时代的到来，财富管理机构已经掌握了海量的客户交易数据、客户个人情况、客户消费数据、客户信用状况等相关数据，以便打造"千人千面"的客户画像。

在财富管理涵盖的所有业务领域，财富管理机构可以从自身内部掌握的客户数据信息出发，进一步拓展外部数据来源，全方位地获取客户数据信息，包括客户在金融交易、资产投资组合、投资偏好、投资风格等方面的信息。基于所获信息，财富管理机构可以经过数据分析精细化客户需求，识别潜在客户，极致客户体验，有效提升金融交易效率。

2. 大数据驱动的精准化智能投顾

（1）打造精准化数字营销。基于数据分析和智能算法，财富管理机构可以有效识别潜在客群。通过采集到的客户信息，财富管理机构可以根据客户以往的投资偏好，客户在以往金融交易中表现出的投资风格，为客户定制独特的金融产品或金融服务，实现精准化的营销。

在市场营销方案的设计中，根据开设账户、上传、资产扩展、顾客保持等客户账户阶段的活动可以提供特定的产品、市场营销、脚本等更准确的营销和服务行为，提高收益转化率或提前评估潜在顾客损失，及时提供类似产品和服务，减少潜在顾客和资产损失。另外，富裕的客户对信用卡的消费和贷款等需求，都可以通过先进的大数据分析，建立一个模型来预测不同产品的购买，匹配客户需求，提高整体的产品份额和客户价值。

（2）提供差异化财富管理服务。财富管理客户的需求总是随着其生命周期中的重要事件而变化，如就业、家庭教育、购房和退休。通过使用大数据，资产经理可以在整个客户生命周期中提供差异化的资产管理服务。

首先，财务管理组织从客户的购买历史、风险偏好、商业行为和渠道收集和分析数据，以确定客户的个人需求。其次，通过创建统计模型，并使用机器学习算法来计算潜在客户的生命周期价值。根据客户的当前价值和潜在生命周期价值对其进行系统分类，并改进客户管理以匹配所需的财务管理服务。最后，根据客户生活周期的不同阶段，客户经理还可以提供多种增值产品和服务：①提供财务计划，帮助客户明确财务目标，稳定和定制保障的财务计划。②财产评估和财富保值，预防客户遭受市场风险，实现财富的保值增值。③利用财富分配，计划资本流动，合理安排资本。④财富转移计划，帮助家庭转移财富计划，创造持续价值。例如，著名投资银行的财富管理部门建立了专门的系统，帮助投资顾问确定、量化客户的长期投资目标，在各种情况下为客户提供全面的财富管理服务。

（3）提供最优投资组合方案，精准匹配客户需求。随着大数据技术和人工智能技术的发展，智能投资顾问已经成为资产管理行业的默认标配。许多公司通过创建和收购公司来构建自己独特的智能投资顾问解决方案。其原理是应用定量大数据分析算法，根据投资期限、投资金额和投资者的风险偏好，在产品组合中提供一致的、最优的投资组合方案。支持投资者顺利完成投资交易流程，根据市场变化动态调整，优化投资组合，显著提升客户体验，降低投资组合管理难度。另外，借助大数据技术，投资者可以更准确地推荐产品，提高资产管理机构的产品管理能力。尤其需要建立全面的产品信息和风险评估库，严格遵守合格投资者认证要求，通过产品采购、合同等环节准确分析资产管理客户群。为了使客户的风险承受能力与金融产品的风险水平相适应，需要对产品货架管理和销售风险管理进行重大改进。

3. 智能化金融交易管理

（1）大数据促进市场研究。为了提供更准确的投资方案，资产管理部门尝试以不同的方式应用大数据技术，以加强对非结构化数据的解释。加强宏观分析，提高企业经济预测的准确性。利用 Python 和自然语言处理技术，结合深度学习算法，可以广泛、快速地从文本信息中提取关键词，构建智能运营模式和金融信息搜索引擎，实现快速知识、信息、数据搜索和数据自动更新，进行智能化的动态监测和预警，进行市场调研和跟踪，进而提高投资计划的准确性和及时性。

（2）动态投资组合监控和资产配置再分配。大数据和人工智能已广泛应用于资产管理。许多智能投资咨询平台充分利用了数据收集和资产分析技术，以实时、及时、准确地监控市场趋势和大量投资组合，向客户分配和再分配资产，实现投资组合的动态平衡。这不仅有助于提高客户投资组合的绩效，还可以帮助财务经理及时、准确、高效地管理多个客户投资组合，提高人均产能，解决过去重大市场事件后不及时通知客户调整投资计划的痛点。

4. 中后台运营优化

中后台运营优化包括两方面的内容：

（1）智能化的运营。研究表明，未来财富管理数字化转型最重要的战场不是前端，而是后台运营。智能基金运营的普及将有助于投资管理机构降低成本，提高效率。对于"客户服务、投资、审计、分析、运营和监控"的几个重要流程，可以通过大数据、人工智能等重要技术实现实时、高效和低误差，显著降低劳动力成本，提高客户响应速度。

（2）合规化的风险管理。大量的信息有助于提高风险管理能力和资产管理部门的监管实践，保护客户隐私。例如，大型投资银行在风险管理中使用大量的数据，通过一套数字工具的开发迅速识别全球风险相关的客户账户，有效地管理风险源，预防投资风险。

然而，财富管理机构在对收集到的客户数据信息进行分析时，存在以下五大常见问题：

（1）不够重视对客户数据的获取。海量数据信息的收集是进行数据分析的基础，然而，过去财富管理机构缺乏对数据重要性的认识，对数据采集不够重视，导致采集的大量信息过于分散甚至虚假无效，这使财富管理机构很难将采集的数据进行深入分析，无法达到预期目标。

（2）专业人才的匮乏。就以往的财富管理机构而言，传统的业务不需要与大数据相关的专业人员，线下业务办理更重视业务人员的人际交往能力，然而在财富管理数字化转型的大势所趋下，急需擅长数据分析的专业人才，包括数据工程师、技术工程师等。

（3）未能大规模普及高级数据分析。目前，财富管理机构尚未形成一套能够大规模普及的数据分析系统，使对数据进行高级分析的能力受限。

（4）忽略价值实现。财富管理机构经常有一种错误认知即认为得到对数据的分析结果就是胜利，而缺少进一步发掘数据价值最大化的思维意识，使客户满意度不能大幅度提升。

（5）缺乏有效的管理体制。财富管理机构在进行数据收集分析时，缺乏一套能够支撑从数据收集直至应用全流程的管理体制，容易使数据分析"出乱子"。

基于先进的数据分析，财富管理机构在处理金融交易时能够体现出三大优势：

（1）有效提升获客效能。财富管理机构的业务人员可根据对所获客户信息的深度分析，知悉客户投资偏好，迅速洞察客户需求，根据数据分析结果为向客户提供最优选择，进一步提升顾客满意度，有效留客、获客。

（2）更精准的定价。现今的数据分析技术可以通过对客户数据信息的深入分析，了解客户过去的投资偏好，就不同客群的价格敏感度提供不同的价格选择，有效减少客户流失。

（3）极致客户体验。先进的数据分析技术可以为客户提供卓越的个性化体验，并提高客户的留存率。先进的数据分析技术可根据不同客群形成个性化的"千人千面"的沟通内容，根据数据分析结果，财富管理机构可以就客户个人情况为不同客户定制每个人独有的最佳沟通方式和沟通频率，减少不必要的线下接触，最大化地提升沟通的效果，更加快速地为客户提供资产投资组合方案，极致客户体验。

第五节 用户实感

用户实感，即用户体验。"用户体验"这个词最初被普遍认可是在 20 世纪 90 年代中期，它由美国应用体验设计师唐纳德·诺曼（Donald Norman）发明并引入。近年来，计算机在移动设备和图像技术等方面所取得的巨大进步，已经让人机交互（Human-Computer Interaction，HCI）技术几乎渗透到人类活动的所有领域。

用户实感（用户体验）是用户使用产品时产生的切实的纯主观感受。然而，对于定义明确的用户群体而言，用户体验的相似性可以通过良好的设计体验来确定。计算机技术和互联网的迅猛发展改变了技术革新的形式，"以用户为中心"的理念备受重视，因此用户体验也被称为革新 2.0 模式的精髓。

客户需求和个性化消费催生的客户需求变得更加分散、更加个性化。客户需求的变化急需金融服务与客户随时随地地进行匹配，需要在不同的场景中实时捕获客户的需求并及时提供金融服务。

随着以用户体验为中心的数字化财富管理的推广，"以客户为中心"已成为各个金融机构的共识，良好的客户体验是最终的价值源泉，从线下到线上，财富管理这个行业改变的不是某种特定功能，而是一种客户体验。

专注于改善顾客体验的金融机构不断优化金融服务，构建在线服务平台和顾客体验平台，收集用户反馈，快速发现产品问题，并通过客户画像和大数据来识别顾客的需求。全面改造客户交互过程和关键业务交易流程，从"被动"转变为"主动"，实现客户交易旅程重构，致力于为客户提供更好的金融服务，以满足客户的需求。

近年来，许多外国金融科技公司和传统财富管理机构为富人推出了智能投资服务，投资管理费将从 1% 以上大幅降低至 0.25% ~ 0.50%，投资门槛将进一步降低至 5000 美元。细化客户服务，实现深度探索。在过去，数字工具被认为是"不人性化的、冷漠的"。而现在，情况正好相反，基于对客户的深刻理解，人工智能通过形式和内容的交互，根据客户的偏好定制，提供"智能而温暖"的个性化体验。通过准确深入地知悉客户信息和提供有效的服务体验，激发客户对金融机构的信心，促使客户将更多资产委托给专业的财富管理机构。

在移动互联网时代，手机用户数量不断增长。在中国，"80后""90后"的移动支付使用率接近100%，但50岁以上的客户对移动支付的使用率仅为50%。据陆金所和艾瑞咨询公司在2019年进行的一项联合研究发现，83%的智能理财服务客户是"80后""90后"。无论金融需求还是生活需求，对千禧一代而言都可以通过手机移动端得到满足。与上一代客户群体不同，千禧一代不仅从收入、条款和风险等方面评估产品，而且更加注重交付体验和产品服务的互动。

智慧KYP：除了解客户，财富管理的金融机构还需要强大的产品评估能力来管理端到端产品的整个生命周期。智能化管理可在以下三个方面助力智能产品生命周期的构建和实施，即投研和市场洞察、产品评价系统构建、全生命周期追溯。

第一，对智能投资和市场前景进行更全面的研究。与人工投资相比，基于智能投资和人工智能的研究可以更快捷、更广泛、更深入。通过模式识别、机器学习、智能化图谱等技术手段，智能投研提高了对一个行业和一些关键资产的信息渗透性、多样性和及时性的理解，以便更准确地评估投资。

第二，以充分的市场信息为基础的产品评价系统。通过大数据分析、人工智能等信息技术的运用，智能化将市场、资本、劳动力等各种信息和数据联系起来，帮助金融机构建立一个兼顾产品和投资的全面化的产品评价系统，从而更好地满足顾客的要求。

第三，动态实时追踪产品的整体生命周期。智能化有助于控制产品和产品组合的整个生命周期。首先，可以通过多维交叉验证实时监视合规政策、宏观市场、目标资产结构等多维元素，识别人工难以发现的异样和特定倾向。其次，通过机器、算法、模型等追踪做到7×24小时无间断地监视市场动态，实时分析组合性能，最大限度地提高市场感知。

第六节　产品服务革新

财富管理数字化转型的关键在于通过数字化手段回归金融服务的本质。金融机构应致力于通过构建新的数字产品服务模式、创造新的数字服务价值来实现财富管理的数字化转型。具体表现在以下三个方面：

第一，利用业务流程中积累的数据，优化数据洞察力和理财服务流程，或者直接变现，打造新市场创新业务模式。

第二，大型证券公司可以向小型证券公司销售数据挖掘、分析预测、决策转包等服务，以便扩大产业价值链、拓展业务范围。

第三，利用数字技术创造新的服务形式，为客户提供智能化的投资和辅助支持服务，激活创新动能。

第五章　财富管理数字化转型面临的挑战

第一节　宏观环境变化带来的挑战

1. 刚性兑付快速增长但发展堪忧

就某种程度而言，刚性兑付（刚兑）不仅是近年来中国财富管理行业快速发展的主要支撑，也是中国财富管理转型的主要障碍。目前，金融管理、信托、投资公司、基金管理公司和其他特殊的信息管理项目都会或多或少地受到刚兑环境的制约。由于低风险、高回报的理财产品的存在，长期以来吸引了大量的个人理财，并逐渐成为存款的替代品。随着利率市场化进程的加快，虽然金融产品的平均预期收益率与银行存款利率之差距逐渐缩小，但对客户仍具有吸引力。在利率管制时期，银行业不仅通过银行融资为客户提供了更高的回报机会，还积累了大量存款。此外，融资活动通过部分低于设立适合项目融资的内部融资基金所需限额的监管来满足商业银行贷款的需求。

但是，刚性兑付也带来了三大隐患：一是导致资源配置失衡和资本价格失调，不利于实体经济的发展。资产收益率很难反映其背后的实际风险，被低估的资产很有可能被融资，导致出现劣币驱逐良币。二是在隐藏的条件下提高公司整体的负债率，提高资产管理行业的系统风险。刚性存款将分散在投资者手中的风险转移到少数金融机构，在金融系统中积累，隐瞒实际风险，提高风险集中度。另外，金融机构的负债率和操作风险的提高，导致融资发展变得不均衡。三是难以培养理性的投资家。投资者的理性评价必须基于高度透明的信息。绝大多数的证券交易所都是以募集资金的形式进行的，资产管理者很难在一段时间内按投资项目提供明确的财务报表信息，致使投资者在此基础上不能进行理性评价。

2. 愈发严格的监管

2016 年以前，国内财富管理市场发展迅速。2016 年开始改变监管方向。中央政府制定了"去杠杆、防风险"的基调，使监督政策开始进行严格监督，因此，2016 年被称为网络金融监管的元年。2017 年，监管更加严格，银监会决定开始"三三四"检查行动，2018 年《关于规范金融机构资产管理业务的指导意见》（以下简称《资管新规》）、《关于加大通过互联网开展资产管理业务整治力度及开展验收工作的通知》（以下简称"29 号文"）等文件相继出台，进一步加大了对资本管理行业的监管力度，并将实施许可证监管、行为监管及穿透监管的三位一体化管理。2018 年 4 月 27 日，中国人民银行、中国证券监督管理委员会、中国银行保险监督管理委员会和国家外汇管理局共同颁布《资管新规》，新的资本管理条例首次明确了各种财富管理机构的资产管理活动规定。

第二节　微观环境变化带来的挑战

一、机构自身

目前，我国资产管理机构数字能力平台建设在战略定位、具体应用场景、实施安排等方面存在诸多问题，限制了数字化平台的发展，具体内容如下：

1. 战略定位模糊不清

许多资产管理机构为了解决需求过于分散化问题，加强了对数字化建设的应用，但就整体而言，缺乏整体性的规划。系统设计常常倾向于以用户为中心，从而忽略了支持者，其逻辑功能也相对独立。因此，除客户和员工的展示平台外，系统的设计和规划还不够。由于缺乏明确的战略方向，许多财富管理机构缺乏对数字化平台重视力度，这导致对数字平台的支持不足。

2. 客户满意度差

在规划和构建数字化平台时，无法充分考虑到在实施财富管理数字化转型时业务场景规划的重要性，仍然提供肤浅的表面化服务。数字业务的核心是客户访问，以及客户经理如何为客户提供服务。现场服务无法调查产品管理、资产配置和营销服务，同时也无法考虑如何更好地提供自助服务，这会导致客户角色设计的重复传播和糟糕的客户体验。另外，因为客户经理无法及时获得有效的信息来支持客户服务，会导致销售管理的效率较低，客户的维护成本高，降低客户对金融服务的满意度。

3. 缺少整体规划，开发周期长、成本高、见效慢

就资产管理平台而言，许多机构尚缺乏整体性的实施计划。在系统开发过程中，它们往往在当前热点领域投入大量资金，盲目追求快速效果，忽视核心领域的建设，导致难以提供统一、可扩展的配置平台。这意味着在实际应用中，每个系统都需要单独连接，数据格式不统一，所用时间长，系统响应速度慢。此外，它还会严重影响后续的迭代开发，如果一个机构将来想在此基础上发展，其技术难点和风险都很高。

4. 注重数字应用平台的建设，忽视了业务流程架构和支持机制

许多资产管理机构都把重点放在数字平台的生产和使用上，妄想依靠数字化提升和改造业务，因此忽视了对业务流程的构建和系统的修复支持机制。系统的使用不符合业务流程，很容易产生以下结果：组织已经具备构建柔性财富管理系统的功能和结构，但员工不喜欢使用，使数字能力平台不能真正起到支撑作用。

5. 专业性不足，标准化不够

系统之间的数据不完全开放，数据标准、数据源和刷新时间不匹配，无法实现高效的数据应用。财富管理机构推进系统基础设施改造，最重要的是加强数据管理能力，开放数据系统，增强了客户数据和环境数据等非结构化数据的大规模处理和应用能力。否则，数字转换将无法工作，也无法提供任何好处。

中国的财富管理水平不高，行业之间存在显著差异。如何在集中运营和分机构之间取得平衡，并对资源进行合理分配和评估，是一个迫切需要解决的问题。西班牙的商业银行就是一个很好的例子，该银行在墨西哥设有办事处，其高净值业务集中在几个地区中心，其他分行也有许多潜在客户。因此，银行使用大量数据技术和机器学习算法来分析客户数据并识别潜在客户。在总公司的统一管理下，成立了一支资产管理专门团队，还为客户提供强大的数据和技术资源，以有效利用和制订全面的计划。

6. 参与积极性不高

一线员工的支持和参与程度通常很低。在数字化转型过程中，一线员工对数字化越来越反感，因为数字化已经取代了工作，导致许多部门措施无法实施。为了解决这一问题，企业必须提前向员工披露数字化改革的好处，鼓励员工积极参与数字化改革，并利用数字化提高工作效率。阐述数字化参与将使工作更有效、更有针对性，并以此促进员工充分参与。数字教育就是一个很好的例子，作为北美最大的银行之一，它不仅培养客户正确理解数字化的能力，还重视对员工的数字化教育，教会员工走数字化道路，同时该银行将发放基于技能的奖金，以鼓励员工进行数字化工作。

7. 专业型、综合型人才匮乏

在财富管理行业，很少有能够理解并擅长营销、法律及服务的综合型人才。因此，财富管理行业可以尝试通过打造多功能团队来填补这一空白。目前，大多数外国同行都在转向多功能团队，将具备这三种技能的人纳入一个团队。中国的财富管理机构也应该遵循这一方针。

为了在未来更好地管理资产，复合型人才必须共同努力。以西班牙商业银行为例，他们为资产管理业务建立了一个投资创新实验室。该实验室致力于创新先进的技术和服务模式，利用人工智能构建先进的产品组合。该实验室的研究团队由在财富管理方面具有丰富经验的专家以及在各个领域具有各种先进应用技术的专家组成。欧洲良好的财富管理实践也大多遵循类似的模式——财富管理机构与人才引进的关系不是最初的领导者，而是一种平行的合作关系。

8. 数字渠道与传统渠道沟通不畅

许多国内金融机构通常把客户分成两部分。一部分是使用数字化渠道，另一部分是使用传统渠道。两者都是显而易见的，客户端不能同时使用多种渠道。用户管理和工作绩效都是分开的。值得一提的是，西班牙的一家商业银行和北美的一家主要银行已经放弃了对渠道和产品的管理，采取了市场细分的管理机制，这是一个巨大的管理模式转变。银行将可变现资产与客户偏好相结合，通过数据划分客户群，根据划分结果将管理权和执行权分配给客户。同时，结合营销活动管理控制系统，提出了分销渠道优先选择的系统算法，旨在为客户提供最佳的服务体验。过去，由于技术上的不足，无法实现完全的一体化渠道管理，近年来，人工智能和大数据管理能力得到了大幅度的提高，进而实现了全面数字化。

二、客户方面

1. 依靠自主分析进行投资

国内投资者的自主性较强，一半以上的投资者在投资过程中依赖自我分析，这与中国资本市场和资产管理效率低下有关。另外，长尾客群对投资顾问的认识非常有限，成为投资界普遍存在的自主投资群体。

2. 投资偏好固定且产品单一

在中国客户的投资趋势中，固定收益产品占比超80%，已成为绝对优势。固定收益投资占总投资的50%以上的客户投资占总投资的85%。显而易见，在过去顾客过分偏爱实体产品。就私人投资的变化而言，中国金融客户的银行存款占49%。除银行存款，主要集中在金融理财等固定收益产品上，这在一定程度上反映了中国财富管理市场的不成熟。从客户的角度来看，值得注意的是，投资组合策略在中国市场并不普遍。从产品角度来看，这反映了中国金融产品市场缺乏多元化。

与所有中国客户一样，互联网金融客户的固定收益产品占总资产的73%，由此可见，互联网不会影响投资者对固定收益产品的偏好，互联网客户仍然倾向于投资金融理财类的固定产品和服务。因此，可以看出我国投资者对固定收益产品的偏好是显而易见的，而且产品的选择过于单一。

3. 缺乏对投资标的的风险意识

根据行业对客户的调查，74%的客户认为资产管理的要求是资产安全。在实际产品选择方面，64%的客户选择把产品风险水平作为产品选择的主要因素，因此中国客户非常重视风险。在投资过程中，客户必须考虑与产品风险密切相关的投资期限和投资标的这两个因素，但客户在现实情况中往往忽略了投资标的。这在一定程度上反映了两个问题。一是中国客户在意风险，但这种担忧更多的是缺乏对新平台的信心，所采取的风险规避措施是仅选择可回收的平台或风险偏好较低的机构。二是由于产品目标和投资期限的限制，投资者对我国金融市场的认识有限，客户对产品风险的评估不能独立进行。

4. 平均投资期限不长

与欧美市场的投资者不同，84%的中国市场投资者的主要资产配置的平均投资期为3~12个月，中国的短期投资市场占主导地位。究其原因，一是从产品角度来看，长期投资产品本身缺乏市场导向、缺乏理财、缺乏税收优惠制度的三大支柱等服务。二是从投资者角度来看，缺乏对财富的计划意识和长期投资回报的信心，投资者的投机心理依然很强。显而易见，经常性的短期交易的概念与长期投资的概念相去甚远。为了纠正这种情况，必须继续进行基础设施和相关的教育投资。

第六章 财富管理数字化转型路径

第一节 强化金融科技赋能

金融科技强化并改变了资产管理价值链的传统商业模式。大数据分析和自然语言处理等关键技术的使用覆盖了端到端的资产管理、客户访问、谈判和投资管理。以智能投资建议和数字营销为代表的财富管理技术可以帮助公司接触客户，了解他们的需求，实现更准确、更深入的管理。目前金融技术专注于两个主要领域：智能投资顾问和服务于传统金融机构的综合资产管理解决方案。只有纵横结合，我们才能战胜弱者。在中国活跃的技术市场中，财富管理可以利用外部力量与金融技术生态系统合作。

1. 通过战略投资或并购获取技术

通过将金融科技公司的股票战略性合并或特定领域的并购，可以获得新的能力，并将其整合到我们自己的商业模式中。通过在线金融交易平台，某领先的国际投资银行从客户那里获得了在线业务解决方案和技术能力，并将其快速投入新的细分市场。

2. 构建金融技术加速器

财富管理机构将专注于重要的业务领域，仔细选择符合成熟度要求的技术和产品，并为即将实现的新兴技术项目提供资金。例如，欧洲的领先机构在战略上与该公司的战略保持一致，并启动了一项技术加速计划，以选择具有巨大潜力的金融科技公司。

3. 建立创新实验室，实现突破性创新

创新实验室的主要任务是研究最新的技术创新，如 AR、虚拟现实、数字货币等，以及如何将技术与商业场景相结合。由于新技术的研发和商业化周期很长，企业主要将重点放在行业的颠覆性创新上。许多世界领先的私人银行和金融机构已经建立了创新技术中心，主要应用于云计算、大数据、人工智能等现代科技领域。

4. 建立开放式财富管理技术平台，促进共同创新

例如，欧洲的大型非政府银行通过建立一个开放的体系结构和广泛的应用接口，将来自不同服务提供商的应用程序连接起来。它能够利用丰富的技术在短时间内提高数据容量。

第二节　借助金融科技洞察客户需求

信息技术的飞速发展为金融机构数字化转型提供了新的契机，因此，财富管理产业的发展必须依靠信息技术的发展和服务的加强，金融部门也依赖于蓬勃发展的信息技术。计算机的普及使银行会计由手工会计向电算化会计转变，互联网的普及使银行渠道从物理渠道扩展到网络渠道。信息技术的飞速发展提高了金融服务的质量，基础数据越来越多，技术越来越成熟，用户规模越来越庞大，财富管理数字化程度愈加深入。

在网络金融、金融网络、移动金融之后，现在的产业环境是金融技术时代，其真正意义在于总结各种技术，在金融领域，其根源依然在于技术。与发达国家相比，中国的互联网金融系统的完善和金融环境的改善起步较晚，服务模式的实施相对落后。现在，中国已经成为世界上最活跃的网络金融交易国，是移动支付最方便、交易成本最低、服务效率最高的国家。金融机构过去将重点放在高净值客户的服务上，所以现在的金融系统无法覆盖长尾客群。一方面，随着金融创新、金融技术的普及，可以解决我国传统金融服务不足的问题；另一方面，随着互联网、人工智能等技术的快速发展，越来越多的科技人才和先进技术进入了金融领域，为数字金融和智能金融提供了人才储备。

科技支持机制能够对客户图像进行立体校正。大数据时代的数据共享可以在

许多方面更准确地了解客户。传统的在线交易信息平台、电商注册平台、第三方信用平台能够更全面地反映客户的投资能力，预测收益和偏好风险。在某种程度上，从过去的行为推断未来行为的方法比客人更清楚自己。以风险偏好为例，声称喜欢激进投资组合的中风险的投资者非常谨慎，而声称激进投资组合中存在风险的客户则非常大胆。有了这项技术，公司可以更准确地预测真实的客户行为并纠正认知偏差。此外，智能客户服务技术的新发展还可以帮助金融机构更准确地描述客户的个性、心理活动和自我意识。

在大数据的推动下，金融业依靠移动互联网营销取代传统的营销，实现了低成本、高效率的自动化营销。在正确评价产品和投资者双方风险的基础上，可以形成产品与投资者之间更为合适的一致性。

在信息时代，社会网络和各种移动互联网应用的迅速普及带来了数据爆炸。人工智能和大数据通过收集和分析数据的关键信息，如目标的各种属性和特征，建立详细的属性等。属性标识后可以结合需要跨越不同目标的算法，如金融产品与客户的一致、金融企业为客户提供的服务与客户需求的一致等。此外，还能够利用平台技术生成多种方案。智能匹配可以解决传统目录服务不能提供个性化服务的问题，该算法实现了标签比对，离目标越远，目标就越详细，效果就越好。

为了更好地为客户服务，我们必须充分了解客户。了解得越多，就能提供越多的服务来满足客户的期望，甚至超越他们的期望。因此，需要建立一套完整的用户形象体系。用户形象是标记客户信息的过程，客户信息是系统业务流程的描述和客户数据的建模。通过收集和分析客户标签，可以抽象出客户行为的全貌。其目标是从不同角度对以客户为导向的属性进行描述性记录。客户形象提供了充分的信息基础，有助于准确地了解客户的投资特征、投资需求和其他更广泛的反馈信息。

收集用户数据后，根据算法条件组织数据，并转换成相同的维度特征向量。客户画像的理解取决于客户的数量和质量，设计的客户图像的特征表示不仅能改善客户的说明，还能大大提高机器学习算法的效果。在信息系统中生成标签的来源有三个：一是从原信息系统取得的基本信息，如姓名、身份证、联系方式、银行账户等。二是通过包括证券顾客的咨询价值和投机性行为在内的计算分析证券顾客的投资频度是高还是低，投资期限是长还是短。三是通过人工智能推理获得的，其中一些特征可以分类，例如客户的年龄、资产、操作频率、时间等，用来分析是专业客户、办公室工作人员、企业家、自由职业者还是专业投资者。

用户形象可以与客户、公司、信息和事件相关联，可以根据客户的服务需求生成正确的营销和智能系统推荐。用户形象研究不仅是对用户特征和潜在需求的研究，也是对用户的可持续研究。

第三节　通过分类管理打造精准营销

"以顾客为中心"的零售理论，旨在以满足顾客的需求为目的，为客户提供各种各样的产品。"顾客满意"作为业绩评价的重要基准，将市场营销和顾客服务提高到了新的水平。除定期存款、提款、贷款、基金、贵金属、保险等活动外，外资银行还向顾客提供零售产品的附加价值产品。例如，投资、经纪、资产管理等。通过不同的产品来满足不同客户群的客户服务需求，给客户提供更加全面、更具特色的金融选择，极致客户体验，有效提升金融机构的零售竞争力。

对于在商业银行从事客户价值挖掘工作的公司，数据库必须有足够的价值信息，如公司客户属性、地区、规模、成立历史、行业历史等基本历史数据，客户信用信息包括贷款的早期、中期或后期状态，客户信用和还款义务的履行情况。根据客户的意愿，银行可以根据上述规则对客户的行为进行建模，以对潜在客户行为做出研判。通过分析银行客户的留存数据，多角度、全方位对客户业内不同的资产、活动和条件做出评估，精准判别潜在客群。基于企业客户 RFMI 模型（Recency、Frequency、Monetary、Industry），将顾客进行分层聚集，通过比较不同的顾客群体，提出与之对应的营销战略。

财富管理机构以提供基于顾客的多样化价值为中心，建立以顾客为中心的服务模式。其中，最直接、最容易反映顾客情感差异的是界面设计、互动沟通与退出、投资顾问经验等，这是一个交互的用户界面平台。迄今为止，财富管理机构主要致力于探索传统的会议和电话业务。这样，通过移动终端和系统之间的互联，可以实现与客户的连续通信并提供产品。玩家还积极使用开放式体系结构，点对点互连和其他数字技术，以提高与客户互动的频率和体验。然而，不同的客户群体之间的互动方式有很大的差异，如何构建面向客户群的数字差异化客户服务平台，是国内外众多领先企业正在努力探索的课题。

1. 大众及富裕客层

建立智能投资顾问帮助客户是丰富客户群的最大基石。在这类客户中，财富管理机构根据个人对服务需求强度，注重服务效率和客户体验之间的平衡。"人机交互"的智能投资功能是完善客户服务体系的重要组成部分。

智能投资顾问的优势在于可以为客户完成"在线、智能、个性化"的理财规划，并通过算法使客户能够确定自己的资产和个性管理目标，有效实现大多数人风险偏好的预期收益规划。其中，为了获得新客户和经营客户，与客户的互动必须有不同的权重。为了引导新客户的转型，财富管理机构在资产配置中应注意对资产类别的清晰描述和情景模拟分析，并以此方式为客户提供一定的资产净值体验，对不同经济基础和理念的客户应采用不同的方式，为客户提供更好的体验和服务。

一个著名的在线资产管理平台选择了远程投资专家的干预形式，在初始建议和后续步骤中调整投资组合模型。客户可以通过提前预约的方式与投资顾问进行沟通，并可以轻松调整预约时间。一旦投资顾问按约定（如视频、电话、平台等）联系客户后，客户会收到专门设计的投资计划，这种投资顾问可以改善客户体验，消除顾客对智能投资顾问的误解，及时调整投资组合，有效节约人工成本。

2. 高净值和超高净值客层

为客户创造简洁、独特、差别化、个性化的资产。客户资产结构的高净值需求状况复杂，在会计计算、监督管理、投资研究、交易、转让、支付、税收等多维度上，差别化和多元化的需求将更高。因此，简单的界面、独特的服务、客户细化、私人社交网络是吸引和保留客户的四大优势。

首先，这些人更忙，因此，针对他们的指导方针如下：财富管理应该在移动终端和计算机终端之间提供一个简单方便的界面，以了解客户的阅读习惯。例如，一家著名的个人银行，其界面设计和功能模块安装理念不同于笔记本电脑应用，对高净值客户有一定的影响。高净值客户端电脑版提供账户概览、交易明细、余额估算、账户明细、转账、账户明细、支付等基本功能，部分信息功能适合在大屏幕显示，重点是使客户能够实时查看，并优化了内容显示和交互的结构。移动应用的基本功能和界面设计越来越清晰简洁，主要是为高净值用户提供高效快捷的查询服务。客户可以通过其应用程序查看咨询、实时交易、市场新闻研究，并获得最新的投资组合。同时改善客户体验，可以大大减轻客户经理的负担，专注于提供更有价值的服务（电话、面对面的投资建议等）。

其次，将增值服务融入高净值客群，是提高顾客体验的重要切入点。在这方面，世界两大民间银行在专业视野的支持下，向民间银行的顾客提供垄断性的在线研究报告。对于企业来说，让客户体验独特的财富管理专业市场，有助于增加沟通频率，提高客户的黏性。

最后，虽然这群客户有许多共性，但在诉求和可能性上仍有层次，有必要通过一站式解决方案集成多个功能模块，实现高效的独家服务。因为在高净值客群中，不同接口模块的差异可以体现不同财富来源之间的差异，从而吸引客户的注意力。在这种趋势下，一些领先的理财经理根据自己的策略开发特定的客户群。同时，为了满足客户和业务人员近距离的生活和工作需求，财富管理机构通过综合业务平台将个人银行业务和企业银行业务有机结合，将多种银行资源整合成一站式解决方案的平台，以满足不同的服务要求。

3. 家族办公室

建立轻量级、模块化的数字服务平台。有家族财务需求的客户往往具有非常复杂的资产结构，因此，针对家族客户的解决方案应该包括所有层次的财富管理需求以适应不同的家族客户。我们相信家族经济的数字服务平台能够朝着两个主要方向迅速普及，即满足家庭客户个人和群体的需求。

首先，通过创建基于新平台和统一数据库的模块化应用设计，提出一种可定制插件应用模块的组合，以满足不同客户的需要。这种方法可以适应客户的需求，而且能够使资产管理机构的成本要求和效率要求达到相对平衡。以管理技术公司为例，该公司为世界各地众多大型家庭金融技术办公室提供了服务，通过可定制的应用程序组件，构筑了满足客户需求的新平台。在各种尖端技术的支持下，该公司建立了全面管理客户账户、资产、客户关系的数字平台，帮助家庭理财办公室的顾客通过统一数据库传输所有账户信息。

其次，在前端，要注重"专业化、可视化、服务化"。第一，除高度专业的离线专业顾问外，借助人工智能等科技手段，提供简单、持续的跟踪需求。这样，客户可以在家中及时解决日常操作后的简单要求，为客户带来良好的体验。第二，通过定制数据测量板为客户提供各种直观的计算服务，提高了透明度，同时降低了运行成本。为了实现模块化输出，还可以选择设备。例如，以家庭理财办公室为核心的著名专业个人银行，已经开发出独特的家庭理财办公室技术，并提供基于传统的数字仪器将服务型组织的核心竞争力转化为高净值客户，构建自己的网上物业管理平台，以满足高净值家庭的家庭理财和家庭顾问服务。通过连接多个功能模块和解决方案，依靠强大的数据可视化工具，客户具备可以随时直观的导航、数据分析、报表等功能。

4. 公司级客户

打造无缝理财服务平台。在业务层面，客户以公司为载体，在不同层面上客户与公司相关的环境（工资、税收、福利计划等）密不可分。为此，麦肯锡引入了基于企业的财富管理概念，并通过 2B2C 模式提供自上而下的财务咨询服务。投资管理是支付公司不可或缺的一部分，已经成为一个综合性的多层次服务平台。

由于不同的客户组需要不同的服务模型和解决方案，所以不同的客户组可以通过区分相应的功能模块并适应不同组合的接口来实现。另外，考虑到需要充分满足不同的商业需求和用户之间的不平等性，接口设计应尽量重视专业性和安全性。在可能的情况下，交易应考虑"傻瓜式"的简单性和"可选择"的灵活性，并协助进行适当的投资者培训，这个培训必须贯穿到整个财富管理过程。例如，投资银行向大企业的董事和员工提供财富管理咨询、纳税申报、保险计划咨询等平台，为董事会成员、高级管理人员、一般工作人员制订了各种解决方案。员工也可以灵活调整组合模块的方法，以满足自己的需要。考虑到功能的易用性和专业内容的安全性，还需要简单的语言和专业网站的安全设计。

第四节 提升财富管理数字化水平

财富管理的数字化转型是一个长期项目。国内外的先进实践表明，财富管理的数字化转型的最终过渡期需要 5~10 年，甚至需要更长的时间。因此，如何在改造方案的基础上形成准确的实施路径是国内财富管理机构亟待解决的问题之一。结合先进实践经验，提出财富管理机构应遵循"三步走"的原则，以数字蓝图为基础，揭示中长期转型的历程，以提升价值为核心，确保有序有效的数字化转型。

第一阶段：自动化、线上化。

业务流程的自动化是数字化转型的基础。完成以客户为中心的日程安排，强化网络业务流程，提升客户体验，注重基本的网络接待功能和自动化管理流程。在这个阶段，财富组织的重点是整合移动前端的基本功能，并自动转换后台管理流程：

（1）为了金融客户的利益，移动前端需要基本功能的广泛覆盖范围，如开户、信息管理和资产配置。

（2）对于首席财务官来说，它实现了在线客户信息管理和客户交互等基本功能。

（3）打造产品配置、投资和研究的平台，实现销售管理流程的自动化管理，控制风险，提高工作效率和管理水平。

第二阶段：专业化、智能化。

目前，资产管理机构面临着客户资产管理的各种要求。在这种情况下，仅通过网络化的业务流程来实现资产管理是不够的。因此，在第二阶段，财富管理应充分利用大数据等新技术，致力于提供多样化的专业投资咨询、智能产品选择、市场精准营销等服务。

（1）建立一个财富管理平台，包括与客户的互动、专业授权和运营管理。

（2）建设智能化投资顾问和混合型投资顾问，加强投资咨询服务，提高专业技能和改革力度。

（3）通过大数据深化客户需求，建立360°的客户画像。

（4）基于数据透视，整合差异化互动平台和精准营销。

（5）利用大数据实现客户体验的闭环管理，实现数千人全方位的运营。

第三阶段：生态化、开放化。

在后疫情时代，金融科技巨头和金融科技公司面对行业的颠覆和创新，以财富为基础的公司开始开发面向市场的创新平台，创造开放的金融科技环境以实现可持续的商业模式创新。

（1）建立金融技术加速器等开放的金融技术平台，促进金融技术的成熟应用。

（2）结合互联网标准企业的产品和服务，提供创新的理财产品。

（3）建立企业孵化器内部创新中心，构建企业创新模式，探索财富管理创新。

此外，财富管理机构还应评估科技基础设施、大规模应用数据、组织转型目标和人才，进一步提升公司核心竞争力，推动公司更新改造。例如，在开放和生态转型期，要细化互联网公司，实现科技管理模式的"3.0"转型，确保业务和技术的高度集成。

第七章　财富管理数字化转型
未来发展趋势

数字化转型是财富管理业务发展的"香饽饽",未来将朝着全面数字化、极度精准化和高度智能化三方面发展。

目前,我国金融机构的"网络化"正处于世界领先地位,但基于高新技术应用的"专业化"和"智能化"仍有很大的进步空间。例如,通过大数据管理,对客户进行正确的营销,提高产品研究和投资咨询的专业化程度(包括研究生产和投资决策的主观性偏差,降低交易执行成本等),提高风险管理体系等。

第一节　全面数字化

一、打造全方位的数字化体系

在数字化的浪潮中,消费者对数字化产品和服务的接受度越来越高,需求越来越大。与过去相比,下一代消费者更重视便利、迅速、多样化的数字体验。财富管理的数字化转型是系统工程,资产管理机构必须沿着资产管理价值链,从局部数字化逐步扩展到全面数字化。局部数字化强调了特定过程的优化,但全面数字化不仅要优化现有业务流程、提高效率,还必须革新服务、产品模型和商业模式。

以银行业为例,麦肯锡亚洲的个人金融调查显示,亚洲居民每月的在线交易量是实体机构的 3~4 倍,约 65% 的受访者表示,他们希望将 40% 的存款转移到纯数字化银行。在新冠肺炎疫情防控期间，客户会用一些非接触的方法来完成业务交易，进一步加速了全面数字化的转换过程。

不同规模的财富管理机构应根据资源质量和综合实力，选择合适的数字化业务发展模式。大型资产管理机构综合资金雄厚，客户基础广泛，信息水平高，具备实现全数字化资产管理的基础和能力。然而，中小型资产管理机构在构建完整的数字资产管理方面面临重大挑战。因此，大型资产管理机构可以建立完整的数字化行业管理模式，积极为中小型资产管理机构输送数字化转型能量，同时，中小型财富管理机构可以依靠大型财富管理机构或第三方服务公司完成非必要部分的数字化建设。

二、发展线上与线下的融合

随着移动互联网技术的快速发展，互联网数据采集速度也在提高。因此，数字化财富管理体系的建立应着眼于"发展线上线下的融合"，同时也应开放双向渠道，实现双向渠道互联互通的有机融合。线上线下的一体化融合意味着能够通过零售店、应用程序、计算机之间的交互提供持续的客户服务等。

线上线下一体化的综合互动意味着在线客户和智能助手之间存在的互动。高质量的互动不仅提高了客户服务的效率，而且兼顾考虑了客户体验，这是提高用户转换程度的关键。服务融合意味着通过互联网投资、咨询和远程服务，建立数字自助终端操作平台为客户提供更深入的在线服务，提高投资咨询的效率和质量，极致客户体验。

第二节　极度精准化

不同于以往使用的人工会面或问卷调查接触客户的情况，如今财富管理机构可以通过更广泛的数据交换和数据循环，更为清楚地了解客户的投资偏好。传统的网上交易信息平台有电子注册、第三方评估等。从某种程度上来说，基于过去的行为，人们可以假设未来的行为，这种方式会比顾客自己更容易了解自己。

例如，某投资者主张偏好风险，但在实际投资中可能过于谨慎，相反的是，自认为保守投资的客户可能会在实际投资中大收大合。通过数字化技术，企业可以更准确地预测顾客的实际行为，纠正顾客的感知错误。此外，利用智能化客运服务技术的最新发展，金融机构能够更准确地描述客户的个性、心理活动和主观感受。

第三节　高度智能化

随着智能时代的正式到来，金融业经历了前所未有的变化——跨代客户的快速转型，新技术和金融服务在各地迅速普及。在这种趋势下，智能化将成为未来10年全球财富管理的主要趋势之一。

一、智能化迎来新契机

普惠客户群体投资的资产中有50%未被发掘，具有很强的市场潜力。2018年是全球资产管理市场的转折之年，市场增长率已降至半个世纪以来的最低点。下一轮的财富管理巨头可以通过良好的客户服务来推动，而新一轮的财富管理巨头可以通过良好的客户服务来成长。根据计算，以人工智能为代表的智能技术可以帮助整个资产管理市场的资产管理规模实现较多的增长，帮助多家机构实现15%～30%的收入增长甚至更高的利润提升。

二、智能化带来新变革

各类企业兴盛，技术发展迅猛，因此金融从业机构必须充分发挥自身的才能，在智能化资产管理的过程中找到自己的生态空间，继续竞争、合作、共存、繁荣。其中，传统的金融机构通过开放合作，突破其系统和机制，加快了智能应用的实施。金融技术公司正从直接与客户接触转向2B授权，参与到传统金融机构特定领域的发展，实现多种方案的有机结合。平台作为生态系统的核心和基础设施的提供者，为众多中小企业提供了良好的发展环境。同时，全球监管政策的不断变化和合规成本的不断上升也推动了REG技术的动态发展。另外，也还可以使组织本身更加准确、专业和开放。

三、智能化助推新发展

智能化，是美国创造了差异化的竞争优势的利刃，在欧洲，则是重塑财富管理模式的驱动力。然而，在新的资产管理规则下，我国资产管理市场面临着重大变化，金融投资者、机构在金融服务资产计划、全面风险管理等方面的前景尚不成熟。智能技术可以解决中国市场的上述问题，如创造个性独特的内容环境，加快对投资者培训，智能投资以解决"中产阶级问题"，强化智能风险管理体系，确保更稳定的企业风险管理等。

四、智能化萌发新课题

场景和数据是智能化的基础。首先，创建一个开放的环境，建立并连接一个场景，在这个场景中，机构始终可以获得更多维度、更高质量的数据。其次，机构必须以顾客为中心，全面开展端到端的组织重构，并使用一系列价值数据来反映智能价值。最后，一个机构需要一个有效的数据管理系统、一个以数据为中心的组织以及一个合适的员工和文化来集成和开发大型智能应用程序的能力。

五、智能化滋生新挑战

智能化时代的到来是必然的趋势，需要一个前瞻性、适应性强的监督管理体系。主要可从以下四个方面着手：

（1）在面临创新风险的同时，监督管理的方向应从被动监督转向积极监督。

（2）建立沙盒机制，促进风险控制和创新技术的发展。

（3）应从对数据传输的限制转向对数据传输的限制，调整新的数据传输模式和格式，减少限制的不确定性，降低机构成本。

（4）保持技术创新意识，开发监控技术，运用管理技术建立专业、高效、准确的智能监控系统。

在不成熟的市场环境下，数字化和智能化将成为亚洲及其他地区市场快速发展的主要驱动力。根据世界银行的数据，世界上有20多个国家或地区的移动端账户超过了传统银行账户，这些国家主要在亚洲和非洲。智能化已经支持了许多市场从现金结算转移到移动结算的发展。在资产管理领域，财富管理市场也有机会直接从缺乏产业投资咨询转向资产综合管理时代。如果智能化技术应用得当，可以快速提高投资者的受教育水平以满足不同的资产管理需求。这些市场发展迅速，带来了成熟的投资者、全方位的服务、完善的风险管理和健康的模式。

　　近年来，以大数据、人工智能和云计算等为代表的金融科技的迅猛发展，革新了金融资产管理的方式。通过强有力的技术创新，许多新的金融科技公司不断降低资产管理服务的门槛，改善服务体验，满足了年青一代极致的金融服务需求，同时通过与金融技术的合作，促进了传统金融机构的收购和独立发展，这有助于创造一个良好的金融环境。

　　财富管理数字化转型已成为不可逆转的趋势，使金融投资者可以使用标准化、全面的资产管理服务。财富管理的数字化转型有两大驱动力：一是财富管理数字化渗透到资产管理中，例如财务规划、风险调整、资产配置等。二是财富管理数字化开始渗透到高端客户群体。智能投资顾问对传统资产管理市场有一定影响，但由于资产增长相对缓慢，市场份额仍然很低。与此同时，传统财富管理机构也加大了对财富管理数字化转型的投入，并保持了较高的资本和人才投入水平。

第八章　商业银行数字化转型

第一节　商业银行数字化转型背景

在金融技术领域，为了适应市场发展和利益增长，许多商业银行根据自身发展制定了数字转型策略，并采取了类似的措施，在战略指导下，多渠道同时推进数字零售业务转型。

1. 制定数字化转型策略

目前，我国商业银行借助金融技术，制定了数字化金融服务的转型战略。表8-1列出了部分银行采取的数字化转型战略和相应措施。

表8-1　国内部分商业银行数字化转型战略及措施

银行名称	年份	转型战略	转型措施
中国工商银行	2018	"e-ICBC3.0"战略	打造全渠道销售、金融产品创新、数字化业务、高效管理机制
中国建设银行	2018	"TOP+"战略	充分利用人工智能、区块链、大数据赋能云平台，创新移动支付产品
中国银行	2018	"1234-28"战略	打造数字化平台赋能生活场景
中国农业银行	2019	"iABC"战略	借助金融科技助推数字化转型
招商银行	2017	"金融科技银行"战略	打造数字化平台，提升客户体验感
民生银行	2018	"科技金融的银行"战略	利用大数据完善数字化银行
平安银行	2017	"科技引领"战略	利用金融科技改进传统业务模式
浦发银行	2017	"打造一流数字生态银行"战略	打造数据分析平台，构建开放式生态系统

2. 创新数字零售产品和服务

随着金融技术的发展和零售业的转型，我国商业银行致力于数字零售产品和服务的研发，不断加大投资，持续提升数字零售产品和服务水平。表8-2为我国部分商业银行数字零售产品和服务创新情况。

表8-2 我国部分商业银行数字化的创新零售产品与服务

银行名称	数字化的创新零售产品与服务
中国工商银行	e 分期产品
	小微 e 贷、e 抵快贷
	工银 e 生活 3.0 版
	智慧银行生态系统 ECOS
	e 乘车
	融 e 行 6.0 版
	融 e 购 3.0
	融 e 联 5.0
中国建设银行	龙卡贷吧
	轻量版个人网银、新西兰版个人网银、全新英文版个人网银、繁体版个人网银
	惠懂你
	龙财富
	建行到家
	建行家装节
	手机银行 5.0 版
中国银行	中银慧投
	中银智慧付
	中银 E 分期
	手机银行 6.0 版
	中银智荟
	税易贷
中国农业银行	智能掌银 1.0 版
	微捷贷
	房抵 e 贷
	助业快 e 贷
	掌银 5.0 和 5.1 版
	医护 e 贷、教育 e 贷、农银速汇通

续表

银行名称	数字化的创新零售产品与服务
招商银行	e 智贷
	跨界联名信用卡
	掌上生活 App 8.0
	用户成长体系
	招商银行 App 9.0 版、M+会员计划
	小招喵的抗疫生活圈
民生银行	MeizuPay、HuaweiWatch
	远程银行 1.0
	手机银行 5.0
	财富 e 栈
	全民生活
	"中国民生银行+"微信小程序
	手机 U 宝
	5G 手机银行
平安银行	口袋银行 App、行员 App
	OMO（Online Merge Offline）
	AI+投顾
	车 E 通
	MAX 卡
	AI 私募直通平台、AI 银保系统
	灵犀
浦发银行	靠浦 e 投
	刷脸支付
	智能语音银行 App
	数字员工"小浦"
	手机智能 App 10.0
	虚拟营业厅
	甜橘 App
	小浦问问

如表 8-2 所示，零售业的产品和服务创新有两种方式，包括自主研发及合作参与。我国国有银行、招商银行等商业银行因资本充足、规模大、零售业务发展良好、技术实力较强，能够自主开发数字产品，享受创新成果。民生银行、浦发银行等商业银行结合自身资源与互联网公司合作开发新产品以实现互利共赢。

从表 8-2 可以看出，随着金融技术的发展，从线下零售到数字银行的转型是一种必然趋势。当下，商业银行借助金融创新开展数字化转型根据自身发展选择不同的转换路径，加快转换速度。与此同时，部分商业银行的数字化转型成效显著，而一些商业银行则刚刚开始转型。

第二节 商业银行数字化转型的必要性

现在，金融技术的迅猛发展带来了宏观经济形势的变化，使居民消费结构不断改善。此外，第三方支付平台之间的跨境竞争增加了媒体的脆弱性，数字化交易使客户需求不断增加。因此，商业银行数字化转型是提高银行效益、促进银行可持续发展的必然选择。

一、优化消费结构，开拓金融市场

在经济持续增长的背景下，我国国民收入近年来也在不断攀升，2021 年，全国居民人均可支配收入 35128 元，比上年名义增长 9.1%。收入增长大大增加了人们对消费品的需求，消费结构不断升级，已成为中国经济增长的重要来源。消费水平的不断提高也为银行的创新带来了全新契机。

一方面，金融需求的不断增长迫使银行创新产品和服务，以满足客户需求。目前，部分商业银行正在改进一些产品。例如，开发小额分期、装修贷款、汽车贷款等，不仅可以促进零售业的转型，而且可以使银行受益。另一方面，今天的年轻人是中国消费的主要力量。随着互联网的发展，这一代人从很小的时候就开始接触互联网，深知互联网的发展，此外，他们掌握更多的金融科技知识，更多地关注个人需求，同时也乐意接受适度的早期消费，消费潜力巨大。商业银行应重视消费者的不同特点，为不同的客户提供更多的个性化产品和服务，扩大销售网点的市场覆盖范围，促进零售网站的数字化改造。

二、金融脱媒现象严重

金融脱媒的加剧，给银行业带来了全新的考验。金融双重脱媒指的是资本性脱媒和技术性脱媒。资本性脱媒是指随着金融工具的发展，公司和个人由商业银行向直接投资和金融管理活动转变，导致传统非金融中介的业务规模明显缩小。技术性脱媒是指第三方支付平台与商业银行竞争，期望占领传统商业银行的业务领域。目前，许多金融科技公司利用当下的机遇通过创造金融环境吸引客户。

阿里巴巴、京东等互联网公司结合金融技术的快速发展，向客户提供多种消费渠道，其中网上银行已成为互联网公司主要的支付和借贷渠道。由此，银行与客户之间的直接沟通减少，客户之间的距离增加，给商业银行发掘客户资源带来了重大困难。因此，商业银行必须在零售业转变中增加投资力度，应对媒体带来的双重威胁，并突出跨国竞争。

三、客户需求增加，金融科技提供契机

随着金融技术的发展，客户群不断扩大。此外，网络金融能够为客户提供全面、优质化的金融服务，从而导致银行与非金融机构之间的竞争优势不断减弱，使一些商业银行的零售利润大幅下降。

1. 金融技术改变了居民的交易行为和投资行为

过去，客户只能在现场处理银行业务，被动地接受银行提供的产品和服务。现在，随着人工智能技术、互联网技术的发展，银行和金融技术公司开始销售移动银行、支付宝、微信等新平台，可以完成产品和服务多样化的选择。此外，金融科技的出现也带动了金融产品的投资平台，极大地激发了居民的经济意识。人们开始尝试更多的投资和财务管理方式。传统的商业银行很难依靠存款和贷款来维持自身的发展。金融技术企业的金融产品一般具有准入门槛低、灵活性强和便捷性高的特点。因此，商业银行需要对其金融产品模型进行调整，以防止受第三方平台的影响，这给银行带来了更大的外部压力。

2. 金融技术改善客户体验

在银行开发新产品时，其他金融机构会紧跟其后，导致产品同质化，使金融市场变得越来越危险。对于类似的产品和服务，客户对不同产品和服务平台的体验进行比较，对商业银行提出了更高的要求。因此零售银行必须及时进行改进和创新以

满足客户不断变化的需求。例如，网上融资大大提高了银行对私人客户的吸引力。

第三节　商业银行数字化转型状况调查

一、问卷发放及回收情况

商业银行数字化转型问卷调查如表8-3所示。

表8-3　商业银行数字化转型问卷调查

调查维度	序号	问题
基本信息采集	1	您的性别是
	2	您的年龄是
	3	您的学历是
	4	您目前从事的职业是
	5	您的月平均收入（税后）是
	6	除了必要的开支，您的年余额占全年收入的
	7	您现有的资产规模（人民币）是
银行数字化转型情况调查	8	您自我感觉对银行数字化转型的了解程度如何
	9	相对于传统网点，您更愿意使用网银、手机银行或微信银行办理业务吗
	10	如果有条件，您最倾向于采用哪种渠道办理银行业务
	11	您对银行数字化转型中线上客服人员的业务专业性印象如何
	12	您对银行数字化转型的业务类别印象如何
	13	您认为通过互联网办理业务会给您带来哪些便利
	14	您认为银行数字化转型存在什么问题
	15	您认为促进银行数字化转型发展的原因有哪些
	16	您认为影响银行数字化转型不足的原因有哪些
	17	您认为应采取哪些措施促进银行的数字化转型
	18	您认为应从哪些方面加强银行数字化转型的保障
	19	您对目前银行数字化转型有哪些意见或建议

本次调研采用在营业厅分发问卷等方式，本次调查旨在探讨商业银行数字化

转型情况，并分析未来努力方向。共发放调查问卷 262 份，回收有效问卷 235 份，实际回收率 89.69%。通过分析，共有 7 份问卷前后回答不一致或不完整。筛选后，有效问卷共计 228 份。商业银行数字化转型问卷调查如表 8-3 所示。

二、调查结果统计情况

1. 调研对象的基本信息统计

（1）调研对象的性别统计。从图 8-1 的统计情况来看，本次有 116 位调研对象是男性，占比为 50.88%，有 112 位调研对象为女性，占比为 49.12%。

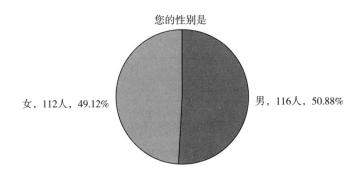

图 8-1　调研对象的性别统计

（2）调研对象的年龄统计。由图 8-2 可知，有 19.74% 的调研对象年龄处于 25~30 岁，56.14% 的调研对象年龄在 31~40 岁，14.91% 的调研对象年龄在 41~50 岁，调研对象人数最少的是 50 岁及以上人群，占比仅为 9.21%。

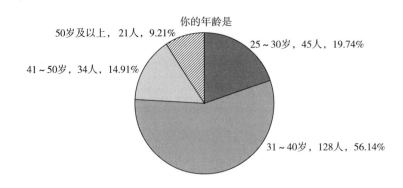

图 8-2　调研对象的年龄统计

（3）调研对象的学历统计。通过分析调研对象的学历统计发现，学历在初中及以下的占比为 17.01%，高中或中职中专的占比为 12.85%，专科（高职高专类）的占比为 10.42%，本科的占比最高，为 43.75%，研究生及以上的占比为 15.97%（见图 8-3）。

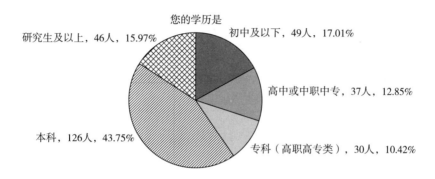

图 8-3　调研对象的学历统计

（4）调研对象的职业统计。通过调查调研对象的职业发现，有 10.53% 的调研对象还是学生，25.44% 的调研对象是企业、公司职员，10.09% 的调研对象为教师，31.58% 的调研对象是公务员或事业单位工作人员，16.23% 的调研对象是个体户，此外还有 6.14% 的调研对象从事其他行业（见图 8-4）。

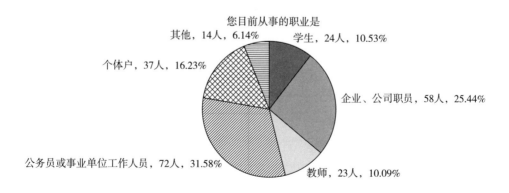

图 8-4　调研对象的职业统计

2. 商业银行数字化转型的状况调查

（1）客户体验及满意度调查。在客户体验及满意度调查中，76.32% 的客户表示了解商业银行的数字化转型，14.91%的客户表示简单听过商业银行的数字化转型，但是仍有8.77%的客户表示从未了解过商业银行的数字化转型，其中从未了解过商业银行数字化转型的客户95%的年龄在50岁及以上（见图8-5）。

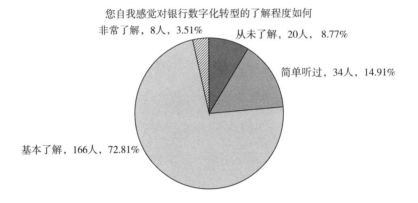

您自我感觉对银行数字化转型的了解程度如何

非常了解，8人，3.51%　　从未了解，20人，8.77%

简单听过，34人，14.91%

基本了解，166人，72.81%

图8-5　客户体验及满意度调查

（2）对调研对象办理业务的倾向调研。由图8-6可知，相对于传统网点，71.93%的客户表示更愿意使用网银、手机银行或微信银行办理业务，但是仍有15.79%的客户对此持否定态度。

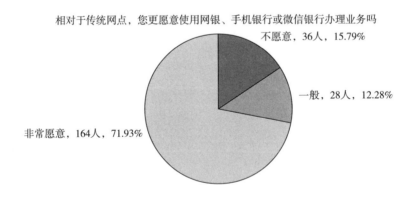

相对于传统网点，您更愿意使用网银、手机银行或微信银行办理业务吗

不愿意，36人，15.79%

一般，28人，12.28%

非常愿意，164人，71.93%

图8-6　对调研对象办理业务的倾向调研

（3）对银行数字化转型中线上客服人员的业务专业性印象调研。在对银行数字化转型中线上客服人员的业务专业性印象的调研中发现，表示总体非常满意的客户仅占总体调研对象的4.82%（见图8-7），由此可见，加大员工的专业化培训是商业银行数字化转型过程中亟待解决的一大问题。

您对银行数字化转型中线上客服人员的业务专业性印象如何

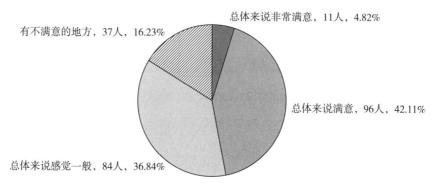

图 8-7 对银行数字化转型中线上客服人员的业务专业性印象调研

（4）对银行数字化转型的业务类别印象调研。在对银行数字化转型的业务类别印象的调研中，有 57.89% 的客户对此表示满意及非常满意，32.46% 的客户持一般态度，此外，仍有 9.65% 的客户对银行数字化转型中的业务类别表示强烈的不满（见图 8-8）。

您对银行数字化转型的业务类别印象如何

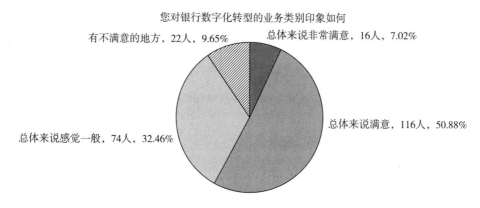

图 8-8 对银行数字化转型的业务类别印象调研

（5）互联网办理业务带来的便利性调研。在调查互联网办理业务给客户带来的便利中发现，94.7% 的客户表示可以节省很多排队等待时间，82.9% 的客户表示可以随时随地地办理业务，62.7% 的客户表示业务办理流程更简单，90.8% 的客户认为操作更简便，此外，还有 29.4% 的客户表示互联网办理业务带来的便利还体现在其他方面（见表 8-4）。

表 8-4　互联网办理业务带来的便利性调研

选项	人数（人）	占比（%）
可以节省很多排队等待时间	216	94.7
可以随时随地地办理业务	189	82.9
业务办理流程更简单	143	62.7
操作更简便	207	90.8
其他	67	29.4
总计	228	—

（6）调研对象对银行数字化转型存在问题的调研。通过调查银行数字化转型存在的问题，发现 78.5% 的客户认为数据系统化管理制度缺失，86.4% 的调研对象表示商业银行对已有客户数据分析挖掘力度不够，68.4% 的对象认为在数字化转型中商业银行的金融脱媒与技术脱媒反制力不足，90.8% 的对象表示由于产品创新不足而导致数字化转型的不足，74.1% 的调查对象表示数字化转型不足主要在于商业银行的战略定位不够明确，66.7% 的调研对象表示组织架构不够敏捷，有高达 93.4% 的对象表示银行在数字化转型中专业人才不足，64.9% 的对象表示数字化转型面临的风险防控形势严峻，此外，还有 51.8% 的调查对象认为银行在数字化转型中还存在着其他方面的问题（见表 8-5）。

表 8-5　调研对象对银行数字化转型存在问题的调研

选项	人数（人）	占比（%）
数据系统化管理制度缺失	179	78.5
对已有客户数据分析挖掘力度不够	197	86.4
金融脱媒与技术脱媒反制力不足	156	68.4
产品创新不足	207	90.8
战略定位不够明确	169	74.1
组织架构不够敏捷	152	66.7
专业人才不足	213	93.4
数字化转型面临的风险防控形势严峻	148	64.9
其他	118	51.8
总计	228	—

（7）促进银行数字化转型发展的原因调研。通过调查促进银行数字化转型发展的原因，99.1%的对象表示国家政策引导着银行数字化转型，93.4%的对象表示客户需求变化促进银行数字化转型，96.9%的对象表示金融科技的发展有助于推进银行的数字化转型，还有86.4%的对象认为促进银行数字化转型的原因不局限于这三个方面（见表8-6）。

表8-6 促进银行数字化转型发展的原因调研

选项	人数（人）	占比（%）
国家政策引导	226	99.1
客户需求变化	213	93.4
金融科技发展	221	96.9
其他	197	86.4
总计	228	—

（8）银行数字化转型不足的原因调研。在对银行数字化转型不足的原因调研中发现，74.1%的调研对象认为传统业务发展陷入瓶颈，68.4%的调查对象表示客户来源与管理存在瓶颈，高达100%的对象表示产品创新陷入瓶颈，此外，还有57.9%的对象表示仍有其他原因导致银行数字化转型的不足（见表8-7）。

表8-7 银行数字化转型不足的原因调研

选项	人数（人）	占比（%）
传统业务发展陷入瓶颈	169	74.1
客户来源与管理存在瓶颈	156	68.4
产品创新陷入瓶颈	228	100
其他	132	57.9
总计	228	—

（9）银行数字化转型的促进措施调研。通过调查银行数字化转型的促进措施发现，78.5%的对象表示要进一步优化数字化转型战略，92.1%的对象表示应逐步完善组织架构，86.4%的对象表示应强化数据整合应用，高达100%的对象

表示应加快产品转型升级，89%的调研对象认为要推进线上线下渠道融合，64%的对象表示应推进敏捷型组织变革，67.1%的对象提出急需重塑数字创新文化，83.8%的对象选择要加快金融科技应用，82%的对象认为要建立数据治理体系，93.4%的调研对象提出要加大专业人才的培养力度，96.9%的调研对象表示要加大政策支持力度，80.3%的人认为应逐步构建风险防控体系，此外，还有73.7%的人认为应从其他方面促进银行的数字化转型（见表8-8）。

表8-8　银行的数字化转型的促进措施调研

选项	人数（人）	占比（%）
优化数字化转型战略	179	78.5
完善组织架构	210	92.1
强化数据整合应用	197	86.4
加快产品转型升级	228	100
推进线上线下渠道融合	203	89
推进敏捷型组织变革	146	64
重塑数字创新文化	153	67.1
加快金融科技应用	191	83.8
建立数据治理体系	187	82
培养专业的人才	213	93.4
加大政策支持力度	221	96.9
构建风险防控体系	183	80.3
其他	168	73.7
总计	228	—

（10）银行数字化转型的保障措施调研。在对如何保障银行的数字化转型的调查中，95.7%的调研对象认为要加强制度保障，96%的调研对象认为要加强组织架构保障，97.2%的调研对象表示要加大考核激励机制保障，82%的调研对象提出要加大风控保障，80.7%的调研对象选择加大资源保障，99.1%的调研对象提出应加大后备人才储备保障，此外，还有78%的调研对象表示可以从其他方面加强保障以此促进银行的数字化转型（见表8-9）。

表8-9 银行数字化转型的保障措施调研

选项	人数（人）	占比（%）
制度保障	216	95.7
组织架构保障	219	96
考核激励机制保障	199	97.2
风控保障	187	82
资源保障	184	80.7
后备人才储备保障	226	99.1
其他	178	78
总计	228	—

第四节 商业银行数字化转型中存在的问题

一、数据系统化管理制度缺失

随着大数据的不断革新，数据系统化管理是商业银行进行数字化转型的关键。但是，现有的商业银行数据管理系统有着严重的缺陷。

首先，数据不能在部门间共享。统计数据需要在部门间共享，系统之间的对接和协调容易导致重复，浪费资源，影响管理决策的正确性。

其次，不能对员工业绩实现科学评价会影响营销负责人的工作积极性。在执行业绩评估时，财务部根据综合报告平台收集的指标体系数据对支行的业绩进行评价，将评价结果报告给支行，支行根据每天完成的工作报告对员工进行评价。这种粗略的评价方法无疑会产生人为的错误和不公。另外，由于一般员工不允许使用系统，所以不能始终控制自己的任务。同级员工没有理解自己的工作条件，影响到零售员工的积极性，起不到促进员工自我发展的作用。

最后，数据管理口径的偏差让数据报告变得不够准确。财务部向监督管理部门报告的指标数据来自不同的业务系统，根据不同的数据采集和处理方法，统计系统的口径也不同，生成具有相同索引的数据时通常也会出错。

从表面上来看，由于数据不足，不同口径的统计系统之间的数据不一致，降低了数据的可靠性。数据管理是一项复杂的工作，不仅要运用一定的数据管理方法，而且准确的统计数据是管理者进行公共决策的基础。同时，它也是衡量员工业绩的公平依据，能够为零售业的数字化转型奠定良好的基础。

二、已有客户数据分析挖掘力度不够

大数据的持续升级导致以往的客户数据不能给银行带来任何价值。同行业的大多数银行都开发了零售客户信息管理系统，以最大限度地提高数据的价值。

如今，商业银行正致力于分析客户数据。然而，由于技术的局限性，仍然存在一些问题，如消费者概念、交易习惯、投资偏好和推荐产品结构方面的客户细分不足，这严重阻碍了零售业的发展。

大多数员工注重提高业务执行效率，但是从零售业的长期发展来看，员工在与顾客交流的过程中得到了更有价值的顾客信息。受传统管理理念的影响，员工往往意识不到客户信息的重要性，导致后续统计不完整或不准确，这将影响下一步的客户细分，使未来的营销更加困难。此外，由于对客户信息分析的缺乏，导致员工在二次营销方面存在一定的困难。不了解客户就无法建立长期的合作关系，也无法跟踪客户的需求。基于网络的关系营销理论，企业在营销中要实现企业与客户的最大协调发展，就必须充分利用网络渠道发挥关系营销的作用，改善目前客户数据分析中存在的不足。

三、客户营销精准度欠缺

商业银行的零售经理对顾客信息不是很了解，一旦开户，系统只能使用其基本信息。不同客群对金融服务的需求不同，商业银行因为不能为不同客户提供各自所需的个性化服务，大大降低了客户的体验感。由于缺乏对客户的深刻理解，不仅降低了市场营销的效率，还浪费了财力和物力。不恰当的市场营销表现如下：

第一，商业银行在销售产品和服务时，只是从卖方市场开始，也就是从银行广告市场的角度出发，重视产品营销，使产品和服务在分类和功能上具有高度相似性。

第二，长期以来，我国零售业的经营观念比较淡薄，零售业增长缓慢，停滞不前，国内零售业发展投资少，经营管理水平较低，客户资料及资料收集不受重视。行业领先的银行开始利用大数据技术对客户信息进行分析，并做出领先的商业决策，但商业银行缺乏市场调研和客户分析，使营销体系难以长期充满生机，导致无限的恶性循环。

第三，市场营销通常只关注大客户而忽视小客户。根据商业银行存贷款数据，企业存贷款均占总贷款的85%乃至更甚，可以看出客户在日常营销中的数量化倾向。

四、产品创新不足

商业银行有很多独特的产品和零售业务，但由于缺乏创新，不能给小群体的顾客带来明显的效果。商业银行的产品设计重点放在存款、定期存款、存单和财务管理上，贷款产品逐渐分为抵押贷款和信用卡贷款，与金融产品实现了严重的同化。但是，高收入资产负债表无法构筑稳定的财务机制，贷款审批效率低，产品同质化速度慢，给企业发展带来了一定的困难。

五、服务人员缺乏专业性

传统商业银行的人才培养从办公室、客户经理等基层岗位开始，优秀员工将被调到会计经理、市场经理、分公司及相关部门，更多优秀人才则从部门经理、部门领导、技术专家（如风电管理、信息审核、技术等）等进行提拔。在数据分析方面，商业银行也缺乏专业人员和团队。在团队方面，商业银行个人业务部主要负责商业银行的数据分析，信息技术部、电子银行部、信用卡中心、客户服务中心等相关业务部门都各自为营，内部联系信息共享在一定程度上存在缺陷。在专家方面，缺乏能够全面了解数据分析、科技、产品、营销等各个方面的复合型人才，培训这些工作人员需要大量时间和资金投入。

很多商业银行的市场营销人员的专业水平不高，且大多是中年人，他们对业务发展有很大的热情，但受知识结构和传统经营理念的限制，在发展顾客营销方面仍按照传统的营销渠道。针对顾客营销的专业指导不足，不能完全满足顾客资产配置的需要，不能及时基于客户个性寻找适合客户的产品，根据客户的需求提供全方位的金融服务，这阻碍了商业银行的发展和转变。

六、缺乏系统的风险控制体系

1. 风险控制思维陈旧

商业银行风险管理思想陈旧，数字化程度低。一方面，为了防范、规避、分散或转移风险，商业银行仍然从风险识别、风险评估、风险管理等方面考虑风险控制。并未从战略的角度对风险管理方法进行整改，导致风险管理流程长，审批流程多，效率低，不能及时有效地评估客户的信用风险水平。另一方面，数字商业银行的风险管理程度较低，投入研究不足，风险管理单纯地基于人们的判断和选择。

然而，在网络金融环境下，风险管理的措施主要是通过云计算对大量客户数据进行准确的分析，实现风险管理的自动化，及时有效地跟踪客户的信用水平。另外，通过对风险管理机制的识别和评估，以及通过对风险管理技术的研究和开发，可以更容易地实现多层次的风险管理。巨大的人力、物力、财力资源，极大地提高了风险管理的运行效率。因此，商业银行的风险管理思想和数据水平较低，给商业银行网络金融战略的转变和发展带来了很大的困难。

2. 风险控制指标固化

互联网企业的风险管控工具更加灵活，根据市场的变化和客户的信用状况及时调整、变更不同的风险管理指标，通过大量数据的分析，实现正确的风险反馈。但是，商业银行核心控制指标的复杂性、多层性和灵活性的缺乏，严重制约了商业银行互联网金融战略转型发展。

第五节　商业银行数字化转型的促进策略

一、优化数字化转型战略

1. 加强以大数据为基础的一体化机制

商业银行应将部门间的数据标准化、一体化，并将各类数据结构转换成统一的可读格式，以便进行综合分析。鉴于数据处理的复杂性，分行与总行应以统一的方式收集核心业务指标，并统一确定关键数据要素，这是实现数据交换的前提。商业银行的业务系统有多种，主要有接收系统、主控系统、辅控系统和令牌系统，主控系统与数据采集系统并行工作，辅助系统必须通过主系统连接。在数字集成的工作机制下，工作人员可以根据注册级别在基础系统和大业务支撑系统的子系统中进行远程数据处理，查看客户的详细信息，并根据企业管理的需要，及时更新系统中的数据。

2. 发展大数据技术的应用能力

为了解决商业银行的数据处理能力和客户信息处理能力的不足，需要在中国商业银行数字化转型过程中发展数据共享能力和数据分析能力。

（1）数据共享能力。在商业银行数字化转型中，数据共享是数据分析的基础。目前，商业银行的业务系统是相互独立的。这种隔离模式阻碍了数据交换和集成。统计数据消耗量大，不能最大限度地发挥数据信息的价值。因此，在协调和校准每个业务部门的数据后，科技部将下载客户账户信息，并整合前端系统、信贷系统和国际结算系统。当客户数据在整个业务系统中对称共享时，统计数据在部门间进行协调而不重复计数。规划和财务部还能处理监测和管理报告中数据和指标不同的问题。

（2）数据分析能力。数据和信息同步后，基于客户的账户信息、用户信息和风险信息将用于支持营销计划中员工的业绩评价和决策。

3. 建立大规模的第三方数据平台

互联网金融的发展让消费习惯和方式发生了巨大的转变，让新兴电商产业不受电商企业外部环境的影响，占据了传统商业零售市场的份额。在零售企业数字化转换的过程中，必须实施有效的技术革新。商业银行应结合自身特点建立大型数据网络平台和第三方平台。

二、加强组织建设

1. 包容过错，鼓励创新

数字转型和创新机制紧密相连，创新也有一定的风险，而金融机构的创新风险却是无法避免的。我们不能为实现绝对安全而错过太多创新机会。因此，在积极推进创新的同时，必须建立"容错试错"机制，鼓励大胆创新，营造良好的氛围。

2. 加强员工培训，提升专业素养

人才是商业银行可持续发展的重要源泉。商业银行应加强引进全方位的金融科技人才，打造一支优质的人才队伍，建设高素质的人才体系。

当前，为适应市场的快速变化，商业银行亟须建设适应市场需求的团队，加强产品创新。也就是说，在顾客资产配置方面需要更加多元化，使顾客资产最大化。因此，要加强营销团队和专业团队建设，尽快提高员工的专业化水平。

在营销团队的建设方面，商业银行需要成立现代化、专业化的营销团队，培养不同层次的客户经理。例如，客户经理主要负责客户的财务、财富管理，是维护专业客户的管理人员。这些管理人员有更先进的投资理念。同时，需要加强对不同层次的员工进行专业化培训，以提高培训质量。

3. 加强创新，完善营销

目前，商业银行的发展趋势主要集中在两个方面：一是深度挖掘核心客户，二是吸引个人理财客户。

（1）产品战略。在商业银行个人理财业务数字化转型过程中，必须根据新的战略调整产品布局，坚持以市场为导向加强产品创新。

第一，改善现有产品。商业银行应积极参加产品研发，加强顾客需求收集，遵循客户引导，加强产品创新和研发理念，满足客户需求。

第二，优化产品结构。虽然商业银行自主开发新产品的空间很小，但通过加强营销团队的培训，可以提高整体质量，为顾客提供不同的产品和服务以满足不同顾客的需求。每个客户都有不同的投资需求和偏好，因此，商业银行必须充分洞察客户需求，制定独特的投资战略，创新金融产品，提高顾客满意度。

（2）价格策略。银行获取的收益来源于利息收入和中间业务收入。商业银行产品的价格相对透明，一般采用相对简单的征税方式。某些产品的价格是通过服务定价表公布的，这些价格必须按照总行的规则征收。随着中央银行逐步放开利率市场化，银行可以享受定价权，对贷款利率和部分中等收入采取差别定价策略。换句话说，不同的价格取决于客户的类型和需求，这样一来，存款利率在本金较低的高端客户面前给予上浮，让高端客户感受到差异化的产品和服务。此外，面对金融产品的同质化现象，差异化的产品和个性化的策略无疑是客户做出选择的重要依据。

除产品定价外，商业银行还可以加强与不同供应商的合作以为客户提供更优质的非金融服务。不同级别的非金融服务提供商会根据客户的水平提供不同的待遇选择，以增加资产规模，实现双赢。

（3）营销策略。好的营销效果离不开好的营销策略。营销战略的不断普及促进了银行营销战略的革新。为确保市场的有效性，需要根据市场状况和顾客需求不断变更营销方法。

第一，完善营销系统。商业银行应加强营业厅营销和网络营销，在分行设立营销中心，配置专职人员，设立灵活的营销团队。在市场管理方面，进一步推进顾客购买模式的转变，扩大顾客来源，加强与政府的合作，做好政策窗口，加快电子社会保障卡的发展。例如，在移动结算行业，扩大业务，关注目标群体，明确当地行业的特征，将业务拓展至教育、医疗、零售、交通、香烟、公共事业以及文化旅游等业务。

第二，丰富营销活动。商业银行必须加强对客户的维护以为其提供更优质的金融服务，客户的情况必须通过相关系统进行定期分类。例如，最近是否有金融技术的流动，资本是否发生重大变化，资本是否有分配调整等。客户经理必须了解客户的心态，了解客户的想法，并为客户提供适宜的财富管理方案。要加强与客户的沟通，将客户变成朋友，让客户有宾至如归的感觉。财务部可以定期组织开展不同的营销活动。例如，插花、化妆和养生等，以促进银行与客户之间的长期合作。

（4）渠道策略。一是全面完善个人顾客服务系统。如何在个人理财的转变中取得新的突破，主要在于如何获得和保留客户。商业银行必须细化现有的顾客，并对其分层地进行营销。现在，商业银行主要分为潜在顾客、资产管理客户、金融顾客等，但是这些分类不能反映具体的需求。对于银行来说，银行很容易忽视个人顾客等级标准，导致顾客流失。因此，商业银行整合各种信息，对客户进行分类管理，提升客户体验感，方便在财富管理数字化转型过程中提供准确的市场营销方案，以期能更准确地捕捉客户，更有效地留住客户。二是创新服务渠道。商业银行应致力于让社交媒体成为与顾客沟通的窗口和桥梁。

三、加强商业银行的内部保障

1. 制度保障

商业银行应不断完善全方位合作机制。建立综合管理机制，横向统筹协调不同部门，建立统一的外部关系，建立跨部门的沟通渠道，规范跨部门的销售行为。除银行外，还应对个人客户进行统一管理。完善科技整合机制，建立灵活的项目团队，努力实现资源的灵活整合，加快科技成果向现实生产力转化，完善个人评价机制，强调市场导向。

2. 组织架构保障

随着商业银行在个人金融框架内的重组，分工将进一步细分，商业银行的数字化转型很难在短期内达到同一水平。这种情况下，很容易发生步调状态不一致甚至互相克制的现象。只有在制度设计上强调战略合作，在资源配置上强调企业之间的相互作用，才能保证金融机构财富管理数字化的有效转型。例如，管理人员应设立专门的综合计划部门，设计并实施共同的会议系统，不断通过咨询和研究，把各部门反映的问题结合起来，提出总体发展规划，将任务分配给不同部门，为确保财富管理数字化的顺利转型提供具体的解决方案。

3. 激励机制保障

商业银行要发挥激励性评估的重要作用，优化评估目标，加强滚动评估和定期评估，做好评估工作。建设一支高素质、专业的青年干部团队，努力培养和选拔优秀的青年干部，为发展注入活力。持续完善干部任用机制和管理人员聘任前财务考核机制，检查管理团队绩效考核的实施情况。同时，一定要激励团队，完善激励机制和工资审计机制，鼓励更多的劳动可以获得更多的回报，在薪酬结构下，提高工资激励，使绩效考核和薪酬分配变得更加科学合理。此外，还要加强荣誉制度建设，每季度选拔优秀员工和团队，以激发员工的积极性。

4. 风控保障

（1）不断增强风险管理水平。商业银行应积极建立和完善保障机制，对互联网、大数据等各领域进行全面的风险管理，明确相关管理架构，确保各管理人员在风险管理中职责分明，建立科学完善的问责制度。另外，风险管理系统应与第三方组织合作，确保整个风险管理过程更加严格、高效，同时还要主动、全面地研究、管理合作伙伴的信息活动。为防止银行保密资料的泄露，应与第三方合作，合理分配项目实施中的责任和权限。

（2）切实加强消费者权益保护。在大数据时代，银行越来越重视对消费者数据和权益的保护。因此，在数字化转型过程中，商业银行亟须加强对金融信息的保护，及时将消费者保护纳入数字经济战略，承担主要责任，引导员工建立负责任的金融服务理念。在保证消费者金融财产安全的同时，确保消费者隐私不被泄露，保证数据的完整性，防止数字升级带来的风险成本的增加。

5. 资源保障

资源投资是现代商业银行有序发展的必要补充，能为固定资产、技术开发、人力资源提供特殊支持。同时，还要加强金融科技创新研究。个人理财业务作为一项典型的长期回报业务，只有通过持续投资才能释放利润，集中精力加强评估、融资、技术等方面的正常投资。

6. 品牌保障

当前，品牌的作用愈发凸显，好的品牌口碑对市场营销有着深远的影响。商业银行应注重加强品牌建设，打造良好的品牌形象，提升品牌价值以吸引顾客。除广泛的品牌建设外，商业银行还可以构建自己的品牌产品代言人。在新媒体的浪潮中，涌现了一些网络人才，商业银行应充分利用社交网络平台，实现个人财富管理业务的数字化转型。

第六节　案例分析：Z 银行零售业务数字化转型

一、Z 银行简介

Z 银行成立于 1987 年，是中国第一家股份制银行，也是中国第一家从体制外推进改革的试点银行。1995 年，Z 银行推出多种存储方式、多币种、多功能的电子货币卡"一卡通"，将先进的客户管理理念引入中国市场，将银行业从存折时代引入借记卡时代。1997 年，Z 银行推出了第一个银行业网站，这是中国银行业最早的网站之一。1998 年，Z 银行开始向个人客户销售网上银行业务，成为中国第一家提供网上支付服务的银行。2014 年，Z 银行打造"一体两翼"的战略定位，"一体两翼"是 Z 银行独特的业务优势和战略整合，是良性循环、相互促进的有机整体。2017 年，Z 银行将自身定位为"金融科技银行"，为数字化转型提供稳定的助燃剂。截至 2019 年 9 月，Z 银行 App 拥有 1 亿以上用户。这是零售用户的第 4 个"1 亿"里程碑，至此，Z 银行成为中国首个 App 用户超过 1 亿的银行。2020 年，Z 银行提出，以开放和整合为重点，以数字时代的商业模式为手段，通过内部整合提高服务能力，通过互连打破服务境界，创造服务环境，实现业务、技术、组织、文化等各方面的开放和融合。

自成立以来，Z 银行始终践行"因您而变"的理念，坚持客户至上，率先践行数字化转型，打开生态化经营的发展空间，以自身的转型发展推动社会经济持续进步。

二、Z银行零售业务介绍

Z银行的零售业务产品包括"一卡通""金葵花理财""私人银行""个人贷款""储蓄业务""居家生活""投资理财""跨境金融"以及"网上银行"等（见图8-9）。

图8-9 Z银行零售业务介绍

资料来源：Z银行官网。

（1）一卡通。"一卡通"是Z银行以实名开立的基本个人金融账户。"一卡通"多次被消费者评定为喜爱的银行卡品牌。这是一张在中国独具特色的著名银行卡。自1995年7月推出"一卡通"以来，Z银行凭借高新技术个人金融的优势，不断推进自身的功能和服务体系的创新。

（2）金葵花理财。"金葵花理财"是Z银行为高端客户提供优质、个性化、综合性金融服务的品牌，包括债务、资产、经纪、财务咨询和其他服务，能够有效整合服务渠道等资源，完善丰富的综合服务体系，全面保障高端客户的繁荣健康。

（3）私人银行。"私人银行"是专门提供高净值私人资产管理服务的机构。集全方位、独特个性、隐秘等为一体的综合资产管理只是私人银行业务的一部分。在私人银行，增值服务包括生活质量、医疗保健、旅游、儿童教育、社交平台等方面，从多个角度满足客户的特殊需求。

（4）个人贷款。"个人贷款"业务主要包括"个人住房贷款""小微贷""闪电贷""消费贷"，以及"商业用房贷款"等。"个人住房贷款"是指用于购买住房的贷款，包括一手住房贷款及二手住房贷款。"小微贷"亦称"生意贷"，指的是发放给借贷者用于企业经营的贷款。"闪电贷"是指通过手机银行等线上渠道发放的个人网络贷款。"消费贷"是指用于借款人家庭合法合规消费用途的贷款。"商业用房贷款"是指用于购买各类商业用途房产的贷款。

（5）储蓄业务。"储蓄业务"包括"境外汇款""个人通知存款""教育储蓄""个人结汇/购汇业务""大额存单""结构性存款""创新型存款产品""VISA/MASTERCARD 外卡收单业务""定期储蓄""转账汇款""活期储蓄""存单"，以及"存折"等（见图 8-10）。

图 8-10　Z 银行储蓄业务介绍

资料来源：Z 银行官网。

（6）居家生活。"居家生活"业务包括"自助境外汇款业务""个人自助结售汇业务""生活缴费""国际收入自助申报""保管箱业务""一卡通账户余额证明""Z 银行账户证明书"，以及"存款证明业务"（见图 8-11）。

图 8-11　Z 银行居家生活业务介绍

资料来源：Z 银行官网。

（7）投资理财。"投资理财"业务包括"黄金账号""招行金""开放式基金""招财金""纸黄金白银""储蓄国债（凭证式）""第三方存管业务"，以及"金葵花理财产品"（见图 8-12）。

图 8-12　Z 银行投资理财业务介绍

资料来源：Z 银行官网。

（8）跨境金融。"跨境金融"业务包括"境外留学""境外旅游""商业出行"以及"特色签证服务"。

（9）网上银行。"网上银行"包括"个人银行大众版"和"个人银行专业版"。"个人银行大众版"是基于互联网平台开发的旨在为广大客户提供全天候金融服务的自助理财系统。"个人银行专业版"能够为客户提供境内转账汇款功能。

三、Z银行零售业务数字化转型目标

近些年，区块链的迅速发展备受银行业关注。自2016年以来，Z银行致力于银行数据管理的创新，为Z银行带来了新的契机。2017年，在总结前两次数字化转型的经验的基础上，Z银行结合科技进步的特点，提出了3.0转型战略。因此，在2.0建设战略的基础上，进一步推出"金融科技银行"策略。借鉴金融科技公司转型的成功经验，Z银行转变了经营理念，以金融科技引领银行业务模式转型。

未来几年，Z银行将金融技术融入零售业各方面，贯彻数字化经营，改变营销方式，专注于改善用户体验，促进数字化转型的可持续发展。

四、Z银行零售业务数字化转型策略

1. 转变服务理念

（1）从以线下客户为中心转变为以线上客户为中心。Z银行在前两次转变中取得巨大成功，最主要的原因是始终追随着时代潮流，坚持以客户为中心，旨在提升客户体验。随着互联网金融的迅速发展，大部分商业银行已紧随时代潮流开发了手机端App，但是很多银行只能在营业厅开通App，且只针对单方顾客开放使用。Z银行则选择从不同账户类型的顾客系统中跳出来，服务不仅局限于一类账户，还将扩大到二类和三类账户。即使客户没有借记卡，同样能够成为移动端的用户，从建立"漏斗"系统，即扩大客户访问范围到提供各项金融交易服务，可以为客户创造综合经济服务价值。在支付方面，用户可以通过Z银行App连接64张其他银行的银行卡，其中50张可以是来自其他银行的借记卡，14张可以是来自其他银行的信用卡。

（2）北极星指标MAU。在前两次转型期，Z银行取得了两个历史性突破：一是一卡通创新，首次实现了存通兑。二是创建了一个新的资产管理模型来管理零售客户的总资产（AUM）。随着金融科技的迅猛发展，传统的财务指标逐渐呈现出一些劣势。因此，Z银行为了更好地了解客户需求，实现3.0的顺利转型，选择使用新的指标——北极星每月活跃用户（MAU）来评估零售业的发展。值

得一提的是，MAU 的管理可以增加用户量，促进 AUM 的稳定发展，Z 银行将这两个指标结合起来，最终会增加银行的非利息收入，促进零售业的有序发展。

（3）优化零售客户体验监测系统。2019 年，Z 银行发售风铃系统 1.0 版，率先在金融领域上线了客户体验监视系统，实时捕捉客户的感情，根据反馈进行改善。2020 年风铃系统升级为 2.0 版，可以连接 27 个在线监视系统并实时监测 1367 个客户体验。通过深入分析客户体验相关数据，不断改善客户服务。

2. 拓展服务渠道

（1）创新线上渠道。网络金融的发展改变了人们的金融交易方式，移动端的商业银行 App 已成为客户进行金融交易的主要平台。Z 银行紧跟金融科技发展的步伐逐步打造并完善"Z 银行"和"掌上生活"两个平台，为客户提供如指纹识别、人脸识别等人工智能技术，确保顾客账户安全，提高顾客体验；在平台上进行业务交易时，根据客户的过去分析客户的交易喜好、风险偏好和产品需求，为客户提供"定制"的投资和金融产品解决方案，以满足个人财务需求的日益增加。AI 客服能够在客户遇到麻烦时给予帮助。据统计，在 2020 年，80%以上的用户在 Z 银行智能化客户服务应用中寻求问题和帮助，其中大部分问题都可以用人工智能机器人解决。

除上述功能外，"Z 银行"和"掌上生活"也有各自独有的功能。2020 年，Z 银行发布了新版"Z 银行"应用程序，贯穿"售前-售中-售后"的产品管理，旨在为客户提供最佳的财富管理方案，提升客户体验。

此外，在 App 9.0 版本中，如果用户想了解产品或投资，只需轻触一下即可联系客户经理并观看视频，客户经理可用音频、图形和文本向客户解释，以帮助解决问题。该服务模型有助于提高简易效率，迎合用户需求。"掌上生活"作为 Z 银行的一个业务程序平台，能够为客户提供信用卡申请、状态查询、还款、分期付款等便捷性理财服务。

（2）构建 App 生态圈。Z 银行致力于数字化、智能化、集约化应用生态系统平台的建设，以最终满足客户的体验。Z 银行 App 9.0 版本根据不同城市推出了各具地方特色的舒适性生活服务场景，以期多角度、全方位满足用户的生活需求。此外，Z 银行还上线了"便民服务"模块，旨在为用户提供社会保障、公共服务等。据报道，截至 2020 年底，Z 银行已在 78 个城市上线综合搜索服务，在 66 个城市上线社会保障查询服务，在 85 个城市上线非纳税缴费服务，专注于银行账户、社保、房地产、公积金、企业年金和其他金融资产，以期为客户提供更加直观的个人金融服务。

3. 加强产品创新

（1）信用卡产品创新。随着中国经济的发展，信用卡已经成为居民理财的重要产品。Z银行基于金融科技深入分析客户需求，不断创新信用卡产品，已与其他行业合作推出愤怒的小鸟、Hello Kitty等其他类型的联名信用卡，以满足不同场景的用户需求，极致客户体验，塑造良好的品牌形象。另外，Z银行致力于创新信用卡营销模式，通过开展"月月小锦鲤""手机支付加鸡腿"等营销活动，提高客户的积极参与度。

（2）投资产品创新。2020年，Z银行上线了"指数通"应用模块，鼓励客户选择指数基金产品，减少投资者的股票、指数排名，为客户提供快速、简单、便利的金融理财服务。此外，Z银行首次发行了"1折申购费率"，招揽新旧客户投资，提高了顾客持有率。

（3）理财产品创新。2020年，Z银行推出了新的理财产品——朝朝宝，满足了人们对金融产品的基本需求。在金融方面，Z银行根据新的资产管理规定，从数千种金融产品中选择五种优质产品作为"朝朝宝"的元素，这给用户带来了比普通存款还高的固定收入。同时，Z银行对接了朝朝宝的储蓄账户和需求。如果客户对活期存款账户的需求不足，Z银行App将自动超过保证余额向客户提供支付、退款和转账服务，全面覆盖Z银行自助场景、微信、支付宝等场景。作为综合性的理财产品，朝朝宝以极低的门槛、强大的便利性和"高产"的特性满足了年轻人的经济需求。

4. 强化科技支撑

（1）加大资金投入。Z银行意识到金融科技在数字化转型中的重要作用，2017年开始设立金融科技专项基金，助推金融科技的发展。Z银行还强化了对专业技术人员的培训，建立了金融科技企业孵化器平台。Z银行还追加了相关法规内容，占金融投资技术研发前一年营业收入的3.5%以上。2020年，Z银行在信息技术领域投资119.12亿元，比上年增长27.25%，占营业额的45%。截至2020年底，Z银行已完成金融科技领域创新项目2106个，为数字化转型奠定了坚实的基础。

（2）加强风险防控。为加强风险防控，Z银行借助大数据、生物技术等技术建立了智能化的风险管控平台，能够及时发现电信诈骗等潜在风险，最大限度地确保了客户资金的安全。据统计，到2020年，"天秤系统"将在30毫秒内识别、解决涉嫌诈骗交易的客户，并在一年内揭露近 3 万起电信诈骗交易。

5. 完善管理体系

（1）打造开放性组织。Z 银行的目标是建立一个开放的组织和完整的业务团队。一方面，Z 银行将 60% 以上的技术人员分配到各个业务部门，通过专业技术人员和专业团队的合作，建立跨部门的业务模式。另一方面，加强公司内部人才流动，从 2020 年起，Z 银行允许不同岗位的干部重新参加学习培训，建立以"燃梦计划"为主线的立体化、多层次的工作沟通模式，整合项目团队，加快探索创新，建立标准化的创新团队。这些措施有利于深化公司内部组织整合，提高员工素养，加强公司凝聚力。

（2）建设企业文化。近年来，Z 银行致力于营造开放融合的文化氛围。因此，Z 银行为工作人员设立专门的自由言论平台，允许他们畅所欲言。员工可以在这个平台上发表任何的杂言和批评，鼓励他们在工作中共享想法、建议和问题。另外，Z 银行打破监督管理的壁垒，积极开展业务合作，减轻了一线员工的负担。此外，Z 银行高度重视文化建设，定期举办丰富多彩的文化体验、户外旅游等活动，促进企业文化的可持续发展。

第九章　保险行业数字化转型

随着金融科技与保险业务的不断结合，服务方式的迭代更新逐渐满足日益复杂的用户需求。借助大数据、区块链、人工智能及物联网等新型信息技术，我国保险业在推进数字化转型的进程中，不断提升行业整体水平，从而在数字经济中把握机遇，赢得未来发展。

第一节　保险行业数字化转型背景

一、行业整体发展趋势向好

由于我国人口众多，保险行业有着广阔的发展前景，2019年整个行业更是取得高达4万亿元的收入，发展前景仍相当广阔。据相关专家调研分析，随着我国经济的高质量发展，保险行业将会迎来更大的发展机遇，市场规模将大幅扩张，并预测中国保险行业保费收入在2024年可实现8万亿元的目标，成为全球保险行业的中坚力量。

二、政策鼓励和规范

伴随着科技赋能保险业务的不断深入，近年来出台的有关保险行业的政策大多是指出现在正处于保险行业数字化转型的关键时期。同时银保监会也会针对相关情况出台政策，对行业健康险等多个领域进行专业指导，政府相关部门的重视确保我国保险行业数字化的顺利转型，在政策中涉及的相关内容多是鼓励、规范行业发展，还有就是强调借助科技创新来优化传统保险业务流程，希望保险行业在未来的发展中能有更加长远的愿景。

2020 年 8 月出台的《推动财产保险业高质量发展三年行动方案（2020—2022 年）》，明确了现阶段财产保险公司的发展目标以及行动路径，高度支持财产保险公司进行数字化转型，以及积极学习人工智能、大数据、区块链、云计算等先进技术，借此优化升级传统保险业务的操作环节，从而提升线上化、数字化、智能化建设水平。

三、数字化技术不断升级

数字化（Digitization）近几年来被广泛提及，但实际上就是一种技术手段，将世间万物的信息通过计算机处理实现电子设备储存，从而进行数据分析和处理。数字技术的高速发展，大数据、人工智能、信息化、云计算、区块链等技术的广泛应用，使数字化已成为不可逆转的时代发展趋势。

数字化技术给保险行业带来的影响具体表现在以下几个方面：

（1）数字化推动用户需求升级。数字技术在缩小时间和空间对用户需求限制的同时，也间接刺激用户追求个性化、多元化的服务，更加注重服务体验。

（2）数字化促进产品的迭代更新。针对用户多样化的产品要求，公司通过大数据研究分析用户爱好，将保险产品做更细致的划分，场景式、定制化的个性服务满足用户日益丰富的产品需求。

（3）数字化改善保险行业的经营模式。传统的保险业务流程在快速发展的今天已经不相适应，利用数字技术打造全新的经营模式，互联网化和零售服务将更受用户的欢迎。

（4）数字化可以更加系统地进行风险管理。用户穿戴相关设备即可分析身体状况，从而满足保险产品匹配及公司是否给予保费优惠的要求，促使公司更加主动地进行风险防范。

（5）数字化促进公司数据转化、分析和使用。数字技术将原先的纸质数据变得可视化，成为保险企业的数字资产。保险行业可利用大数据分析用户行为，挖掘数据价值，从而可以判断用户个性化的需求，更高效地洞察用户对公司产品服务的偏好，以便帮助企业规划决策，进行业务拓展。

四、疫情加速保险数字化转型诉求

受新冠肺炎疫情影响，传统的保险业务模式难以为继，保险行业的数字化转型诉求愈演愈烈，预计保险行业将会持续加大科技投入力度，加速行业的转型进程。

第二节 保险行业数字化转型的必要性

一、传统发展态势已无法满足当前业务开展需要

由于保险行业长期的路径依赖及受制于多方面因素的约束，在行业发展中就已经在产品创新、营销、风险管理等环节存在诸多问题。在国民经济快速发展的同时，保险行业也迎来快速扩张、大规模发展的时期，在此期间也暴露出许多问题，比如保险产品同质化严重、客户不满增加、行业形象欠佳等。

可以说我国保险行业的发展不是依靠产品，更多的是依靠销售人员的营销带动业务的发展。在保险营销环节，保险行业的历史发展路径表现为保险产品的销售导向性。通过大规模的营销费用投放以及销售人员的人海战术，销售带动业务量的提升，从而实现行业的发展。从长期来看，这样的发展方式有着很大的弊端，数字技术的快速发展加剧了保险行业的业务增长困难。银行保险渠道居高不下的显性成本与隐性成本、保险推销人员的不专业与队伍拓展难度大、介绍产品时隐瞒风险状况等问题层出不穷，影响着用户对保险行业的信任。数字经济的到来为改善传统保险营销模式、提升保险企业产品营销能力提供了助力。保险公司可以通过整合资源，为客户提供线下与线上相结合的全方位体验，从而实现全渠道的营销模式。

数字经济的蓬勃发展推动了实体经济的数字化转型升级，在为广大消费者带来便利生活的同时，也间接暴露出许多保险行业的通病，带来难以预防的潜在安全风险。传统保险行业在保险管理的技术、业务、队伍和服务环节仍存在明显的短板、数字化十分薄弱，难以适应时代的变化。保险业应着重强化自身的数字技术应用，在真正了解用户新阶段对风险管理诉求的基础上，积极进行数字化转型升级，充分发挥保险业风险管理的核心功能，为用户提供更加健全的风险保障服务。新兴技术的应用可以提前预知到那些不可保的风险，保险业可以借此提升风险监测、识别、分析、评估、处置等方面的能力，将原先的事后经济补偿的保障形式转化为以事前预防为主，做好防灾减损工作，根据社会发展变化阶段性地扩大保险覆

盖风险的范围，纳入更多的不可保风险，增强保险业管理风险的功能作用。

二、数字化升级需求

传统保险的业务模式难以为继，保险业的外部产业生态与内部业务效能均需要数字技术来实现升级改造。在外部产业生态方面，机构之间的合作无法实现有效链接，仍旧是以传统业务模式为主，成本高，效率低；想要实现保险全方位数字场景的搭建，多方深度合作且依靠有效的链接才能在产业生态方面有所突破，从而实现产业链的升级换代；在内部业务效能方面，保险公司的产品设计、销售、核保、售后等环节的全业务链需要借助数字技术实现全方位的升级，打通各业务环节的壁垒，提升业务效率。

此外，保险公司长期以来居高不下的人力成本抑制了公司的长久发展，唯一的解决方法就是利用数字化转型的方式降低成本，实现公司运营结构的优化。造成这样的原因有很多，比如高昂的经营成本严重影响了公司业务的开展，还有赔付成本等方面的因素。传统的保险业务发展模式有着过度依赖渠道、重人力驱动、缺乏风险防控意识、人员专业技能欠缺等多方面的特征，从而出现居高不下的人力成本和赔付费用等问题。随着数字时代的到来，改革创新费用管理模式、优化成本结构是各家保险公司所努力实现的目标。实现全流程的数字化升级、优化销售渠道、强化风险管理及理赔环节，从而减少流程化的业务人员、优化公司成本结构，达到降本增效的目的。

三、信息化推动数字化

改革开放以来，中国经济的高速发展推动了保险产业的蓬勃兴起，数字技术的广泛应用为中国保险行业的急剧发展保驾护航。

1. 数字化升级

起初公司还处于数字化的早期阶段，只能搭建集约化后援平台，经过长时间的努力慢慢实现公司数据的整合，做到数据集中；直到手机等移动互联的出现，开始代替个人计算机，并尝试进一步研发，全方位改造内部管理模式、服务、保险销售和理赔等环节；再到利用大数据等新兴技术，在基于用户多场景的服务数据，多层次剖析用户需求，深入了解客户的产品偏好，从而有针对性地提供专业服务，进而实现全周期的用户陪伴活动。通过基础设施的投入建设以及"异地多活云计算"数据中心的布局，不断提升抵御灾难风险的能力，大幅度改善集约化数据中心基础设施容量和装备水平。

2. 专业化服务

保险行业之所以常年保持较好的发展趋势，正是由于一直以来都秉承着以用户为中心的经营理念。通过网上销售、移动理赔、移动保全等移动服务，从而使服务更便捷；通过一系列电子证明，使用户在享受快捷服务的同时保证过程更加透明；通过公司网站以及微信公众号定期进行公司资讯传播，通过手机 App 和线上服务为客户提供更加智能化的投资体验。

3. 升级服务模式，优化服务品质

智能移动设备的快捷服务与保险业的营销模式十分契合，对提升保险业务的服务效率有着极大的作用。早期业务模式只是通过电话联系用户，等待用户上门，随着技术进步，业务员可以用一些移动设备主动上门服务，再到现在的客户可以在 App 或相关程序根据自身需求主动选择服务，客户互动模式的转变缩短了业务员的服务距离，不仅为客户业务办理提供了选择，而且拓宽了保险业务的成交渠道。起初公司各部门分散割裂，各人自扫门前雪，没有工作效率，随着经营模式的升级，各部门职能的有效衔接、整合资源，慢慢实现部门协作，集中作业。这样的统筹安排，为公司正常运转创造了前提，提高了营运品质与营运安全能力。可见数字技术的应用可以有效地提升业务效率，改善服务质量。

4. 加强技术应用，提升服务效率

保险公司在转型的过程中不断加强数字技术的应用，通过与业务融合提高员工的工作效率。以太平洋寿险为例，在管理环节，保单信息查询从一开始的"T+1"提升到"T+0"、公司经营指标分析计算由"月"缩短到"天"、运营数据精算也从"月"缩短到"天"，佣金结算周期从"月度"变为"每天"的预结算；公司借助智能移动设备，大大缩短了个人业务办理业务的时间，简化了业务流程；此外公司通过数字技术推出无阻碍理赔服务，简单来说就是用户根据自身情况，线上提交相关证明材料，后台会有专业人员进行查勘，在几分钟之内就可以通过申请，另外会有业务流程图，便于用户查询理赔状态。

5. 降低运营成本，实现成本置换

数字技术的使用有利于保险公司实现降本增效，电子单据的出现在一定程度上减少了纸质保单，简化甚至避免了保险公司纸质材料的中间环节；此外，线上服务的形式，降低了保全人力资源的使用以及人力成本，实现了保全业务量的大幅增加。

第三节　国内保险行业数字化转型的现状

保险业意识到传统的业务模式难以为继，开始在核心环节利用数字技术加以完善，通过应用"互联网+"等新兴技术，大刀阔斧地进行数字化转型升级。由于保险公司各环节的业务数字化渗透程度不同，从高到低依次为渠道、理赔、避险、产品设计。其中产品设计的数字基础最为薄弱。据行业调研报告显示，当前保险公司转型还不彻底，仍需要在今后很长的一段时间内加强数字技术的应用。

任何行业的数字化转型都是独一无二的，基本都体现在自动化、场景化、信息化、个性化、社交化、互联网化、自服务化等方面。保险行业的数字化转型则体现在以下六个方面：

（1）洞察客户需求。以客户为中心是保险公司的经营理念，公司通过全方位无死角客户画像，更加全面地搜集客户信息，更加立体地分析客户信息数据，判断客户的产品偏好及深层次的需求，以个性服务的方式与客户交流，实现长期稳固的合作关系，不断提升客户的服务体验。

（2）加快产品创新。在充分了解客户的需求后，需要研发创新与之匹配的产品，利用数字营销和 InsurTecph，为客户设计定制产品，不断增强客户对产品的喜爱度与忠诚度，提升用户黏性。

（3）实现全业务链运营。通过运用大数据、人工智能等新兴技术夯实行业数字基础，构建新的价值链和保险生态链，科技赋能驱动业务发展。

（4）搭建安全开放的数字服务平台。为满足客户多元化需求，快速应对突发多变的市场环境，及时响应公司发展策略，与客户更加友好便捷地进行业务沟通，有利于公司员工服务水平的提升。

（5）整合渠道运营，提升运营效率。数字平台的运营模式可以有效提升公司运营品质，在改善公司资源管理的同时，能够提升保险公司的业务处理效率。

（6）建立高效的决策支持和经营管理系统。通过利用大数据等新兴技术对公司信息数据展开处理、分析，深入挖掘其价值，从而为企业管理决策和经营管理提供技术支持。

第四节 保险行业数字化转型面临的挑战

一、保险行业数字化转型是代价高昂的系统工程

数字化转型是保险业未来持续发展的动力源泉，但这一工程在行业认知中不仅耗时良久，更需要庞大的资金支持。当保险公司想要进行数字化转型时，需要考虑项目经费是否充足，可以支撑公司服务流程、内部管理和投资策略的全面升级，巨额资金对大多数保险公司来说都是一个严峻的挑战，使行业陷入一个误区，只有拥有过硬实力，有能力支付得起转型费用的大型保险公司才有资格进行数字化转型，其实这并不完全正确。任何一项工程都不是一蹴而就的，如果公司实力不够，完全可以从某个部门、某个产品出发，从细微处进行数字化改造，在这一过程中所做成的新产品或者服务得到用户的认可，都可以成为全面数字化转型的契机，从而降低转型成本。总而言之，数字化是保险业高质量发展的重要力量，需要整个行业共同努力，持之以恒才能完成这一系统工程。

二、保险行业数字化转型需要专业型人才

保险公司在进行数字化转型的过程中需要广泛运用数字技术，这就需要大量既懂业务又懂技术的人才，要求行业大力引进优秀人才并完善人才的培养发展体系。随着数字化转型的不断深入，原先保险公司的数据薄弱环节都需要加强，同时也需要更加充分地利用大数据、人工智能、图像识别、生物科技等多种新兴技术。保险公司应积极组建相关的数字化专业团队来应对市场竞争，一方面，多方面引进技术人才，不能只是招聘保险业务方面的员工，对于那些在互联网行业的理工科技术人才要努力吸纳，同时注重高精尖人才的引进，提高保险行业员工的素质；另一方面，保险公司需要对现有员工开展多种形式的培训，完善相关的人才培养方案，充分激发员工的工作积极性，做好公司员工的薪酬规划和绩效考核。随着保险业务的逐渐成熟，保险公司慢慢褪去之前的稚嫩，应在数字化转型的过程中提升员工业务能力，积淀新时代独特的企业文化。

三、传统和新技术需要磨合

保险行业数字化转型在为行业带来机遇的同时，所产生新的变化需要不断适应。传统保险模式依靠人力营销来扩大业务量，简单来说就是通过中间人或保险代理人进行保险推销实现业务办理，随着数字技术的应用，将保险公司与客户之间的距离不断缩短。公司借助互联网简化了客户办理保险业务的流程，原先从购买、续签到索赔环节等一系列业务流程都需要面对面对接，数字服务省去了这一烦琐的流程，提升了业务效率，但也带来了许多问题。公司经营模式的转变仍需要时间来不断磨合，保险公司也应解决传统模式与新兴技术融合发展所面临的问题，更要妥善处理业务人员工作内容的差异化。

四、平衡隐私

数字技术在广泛应用的同时使用户的信息安全受到了威胁，保险公司在稳步推进数字化转型的过程中也需要保护客户隐私。保险业务在办理过程中总会收集用户的个人信息，保险公司应需要注明在哪种情况下需要用户信息，以及什么时候用户的隐私数据会用来分析决策。监管部门同时也需出台相关保护消费者的隐私条例，保险公司制定相关隐私条款，共同保护用户隐私，从而使用户更好地接受保险数字化转型所带来的变化。

第五节　保险行业数字化转型举措（相关建议）

一、加强产品创新

保险公司通过组建专业团队，成立研究所分析行业数据以及加强产品研发，利用大数据等技术系统分析用户产品偏好，分析得出大多数保险公司的产品类似，缺乏创新，同质化问题严重。对此保险公司应努力改善这一现状，加大保险产品创新力度。由于目前保险数字化转型还处于初级阶段，保险产品还处于统一标准向多层次展开的阶段，去同质化还比较遥远，无法做到为每一位性格各异的用户提供各不相同的产品。但保险公司可以借助数字技术统一保险产品标准，并对产品信息加以完善，然后结合公司特点对用户需求进行分析，从而形成新颖的产品组合，缩短产品差异化配置时间，从一周缩短到几小时就可以完成，减少产品组装上线周期，从原先的一个月升级为现在的两天，最大程度地满足用户需求，实现产品创新。

二、优化产品服务

1. 丰富线上服务内容

当前线上保险服务丰富多彩，大有百家争鸣、百舸争流的趋势。在保险产品方面，多数保险公司结合自身特色推出相对应的线上保险产品，其中包括线上捐赠保险、保险产品多层次的保障延伸；在线上办公方面，保险公司精心打造线上会议、线上管理、线上系统开发、线上订餐，以及居家办公等多种服务；在线上承保方面，保险公司推出线上咨询、线上培训、线上面试、线上出单、线上续保等多种类型的服务；在线上理赔方面，保险公司推出线上道路救援、线上排查理赔客户、线上理赔支付等服务；在线上保全方面，保险公司推出线上保单质押贷款、线上保单退改等多项服务；在线上爱心服务方面，保险公司推出线上志愿者、线上捐赠、线上党员先锋队等线上服务方式；在线上健康服务方面，保险公司推出线上健康指导、线上健康监测、线上义诊等多项服务。丰富的线上服务为用户带来独特的产品体验，从而提升用户黏度。

2. 提升线上服务时效

保险公司利用数据技术实现线上服务升级，不仅简化了原先"复杂"的保险服务，还大幅度提升了线上服务时效。经过服务优化升级，行业形成了新的服务标准和服务要求。"快赔直赔、应赔尽赔"是简化理赔流程，使过程透明公开，"秒赔闪赔、实时到账"是通过线上自助式作用，连接不同的支付渠道，从而实现实时到账。

3. 优化线上服务手段

数字技术的迅速发展丰富了保险线上服务方式，从而使保险公司从业人员能更加便捷地触达消费者。各保险公司通过技术已经形成了自有 App、网站、微信公众号、呼叫中心、钉钉、邮件、电话会议、线上直播、视频会议等多种线上服务，保险公司还通过内部线上工具和第三方线上工具协调发展不断优化升级线上服务手段。

三、推进多渠道营销

早先保险行业主要是通过线上人员推销来提升业务量，随着互联网的广泛应用，这一渠道成交的业务在整个业务规模中占据重要地位。保险公司依托互联网充分挖掘用户灵活多变、高峰值、高并发的保险需求，从而制定多维度的销售方案。目前保险公司不仅局限于网络直销平台建设，而且通过数字赋能代理人团队以及与众多第三方经销代理实现业务推广，进而推动公司发展。

保险公司之所以不断优化营销渠道，不是仅仅看重了互联网的高效性，而是更加看重这一方式为客户提供的体验。互联网渠道在为保险行业打开新市场的基础上，能够更加有效地汇总用户数据信息，在分析研究的过程中可以充分挖掘数据价值，从而可以针对用户的需求增强用户体验，优化公司运营服务，同时保险公司可以借此简化业务流程和保险条款，为用户提供更加便捷的保险体验。

四、完善核保环节，提供优质服务

保险公司在核实保险方面主要围绕改善用户体验和风险防控两方面进行升级。保险公司对新兴技术的逐渐应用使平台可以实现电子签名、快捷支付、线上服务等多种智能服务，随着数字技术的不断发展，与行业结合得越来越紧密，慢慢地表现为核保方面条款更加细致专业，公司在优化自身系统的基础上大幅度提高了自核的准确性，并减少了核查时间，可以为客户提供更优质的服务。在构建核保引擎的过程中，不仅要保证数据的安全、解决过去非标准体不能线上自助核保的问题，而且要最大限度简化核保流程。

五、优化理赔环节，平衡多方诉求

长期以来保险公司的保险理赔环节都备受争议，用户和公司的利益诉求总会在某种程度上产生冲突，所以经常会受到客户投诉。据行业每年发布的调研报告显示，投诉事件中很大一部分是因理赔而发生客户纠纷。从公司管理角度来看，理赔数字化可以进一步改善这一问题，通过事件特点与理赔条款对照，最大限度还原用户事件细节，减少甚至杜绝骗保事件的发生。如果利用人工智能等新兴技术来进行动态监测，可以有效减少欺诈案件的发生。数字技术的使用在提升服务质量的同时，也在平衡保险公司与客户甚至第三方的利益，有利于实现商业保险的公平性目标。

六、优化客户体验

随着保险业务模式的变化，加强与客户的联系，真正了解用户的产品需求，才能在数字时代掌握制胜法宝。保险公司一方面应充分挖掘客户的数据价值，尽可能了解客户的产品偏好，才能为客户研发出满意的产品；另一方面应增加与客户的接触次数，在社会节奏如此快的今天，既需要提高接触客户的频率，还要把握住每一次与客户接触的机会，提供高效专业的服务。要想优化客户体验，可以从以下几方面入手。

1. 应用数字化媒体提高客户体验

随着移动互联的广泛应用，广大用户已经习惯了数字产品和服务的存在。社交网络和移动互联能够帮助保险公司更加有效地为客户提供服务，保险公司想要应用数字化媒体，需要进行以下几个步骤：

（1）明确数字化渠道的定位。保险公司应明确数字化渠道不只是一个简单的销售渠道，而是用来服务客户的技术平台，是为了让客户不出门就可以实现业务办理，享受咨询、承保、保全、理赔等一系列服务。保险公司可以利用这一渠道为客户提供全方位、无差别的保险服务。

（2）利用保险公司线下渠道向线上进行客户引流。保险公司应明白数字化渠道在一开始并不会起到特别大的作用，因为保险有着弱需求的特点，无法实现对大量消费群体的吸引。这就需要保险公司将线下的客户资源逐渐引流到线上，稳步增加使用数字化渠道的客户数量。

（3）打造以保险为核心的生态圈。当客户资源积累到一定程度时，保险公司可以积极利用自身平台的优势，与行业优秀企业开展深度合作，从而不断扩大以保险为核心的生态圈，有效提升客户对数字化渠道的忠诚度。

2. 打造全渠道一致的客户体验

用户体验对于保险公司的经营模式有着很大的影响。全渠道客户体验的一致性，简单来说就是客户通过一个渠道开启交易服务，在其他渠道得到最终结果，整个交易过程中无缝切入，有效衔接。换种方式来讲就是客户在任一时间、地点，通过不同渠道办理保险业务，比如咨询、决策、购买、支付、理赔等，都可以享受到无差别、一致性的个性化交互体验。保险公司要想实现一致性的全渠道客户体验，一是要制定全渠道统一的客户体验策略，二是要打造全渠道创意客户互动旅程，三是要提升跨渠道运营能力，四是要优化整合客户资源、重构保险公司的数据运营平台。

3. 提供优异、差异化的客户体验

社交网络和移动互联便利了客户办理业务，保险公司丰富了客户的产品体验。保险公司可以邀请客户加入产品设计环节，征求客户意见，将那些有创意的想法运用到产品创造中，结合用户自己的想法重新组合服务和保险条款，从而提升客户的产品参与感与服务体验。

4. 提升客户价值挖掘和服务的能力

以往保险公司只是通过对产品进行包装，进行销售服务，从而获取业务量。随着形势的转变，保险公司开始调整策略，从一开始的以产品为中心到现在的以客户为中心。保险公司应努力维护好与客户的关系，一方面根据用户需求推荐优质的保险产品及服务，尽可能提高客户业务的成交率；另一方面利用大数据为客户提供海量的保险产品组合。数字技术的不断发展，为获取海量客户信息以及交易行为数据奠定了基础，充分挖掘客户的数据价值，可以帮助公司提供高效和专业的服务。

七、运营流程优化

数字技术与保险行业的紧密结合可以促进公司的运营效率。保险公司通过技术升级内部运营的各个环节，实现精准决策，减少琐碎的业务流程，从而提升员工工作效率。对于那些简单的重复过程可以借助人工智能加以变革，通过社交网络和移动互联来提升客户自主服务比例。通过数字技术的应用，可以大幅度改善公司经营模式，优化运营成本，为公司争取到更大的产品定价空间，从而使公司获得更大的竞争优势。

1. 提升营销效率

保险公司可以通过大数据等新兴技术研发移动展业工具，提高公司的业务服务能力，同时基于后台的客户关系管理系统，向销售团队以及客户经理提供移动设备和 PC 端的技术支持，从而实现无阻碍进行日常业务办理，比如产品信息介绍和业务展示、客户信息管理、商机跟进、佣金查询、日程表管理与提醒、知识库检索和客户风险评估等。

2. 降低运营成本

在享受到数字经济带来的红利时，保险公司进一步应用数字技术，希望可以优化公司运营模式，减少运营复杂程度，降低公司经营成本。保险公司在许多方面开始使用数字技术，比如在共享财务部门使用财务机器人，既可以减少人力成本，还可以帮助公司提升税务及财务领域的工作效率，从而提升工作质量；利用人工智能技术改善核保、理赔等环节；利用数字技术精准识别目标客户，判断客户需求类别，从而减少产品数量。

3. 降低风险成本

随着物联网的大范围普及，保险公司可以尝试与通信、健康、汽车等行业的头部企业开展合作，实时获取相关保险标的各类风险数据，不断整合客户资源与数据，利用数据挖掘预测模型和客户信息库，充分了解客户需求并利用大数据分析与预警进行风险监控，从而动态监测，实现风险防控的实时播报。

4. 降低渠道费用

保险公司可利用语音识别技术及文本分析技术分析呼叫中心的语音电话，从而不断完善客户画像，比如客户性格、产品偏好等方面。针对客户电话询问、客户线上续保等业务都可以实现人机对话与自动化销售。保险公司同时可通过分析客户的风险偏好，更加精准地为客户提供中意的营销方式与销售渠道。其中公司就针对"90后"的群体，提供社交媒体或手机 App 等新兴方式实现营销和投保服务，全程并不需要任何的人工参与。

5. 降低核保运营成本

通过为机器设置程序学习和理解保险公司的相关核保规则，不断丰富扩充从而形成核保知识库，构建自动化核保系统，在一定程度上可以代替核保专员进行业务决策，对于那些规则确定、条款相对简单的产品，可以实行自动化核保的线上服务，可以有效降低承保风险，简化投保流程。

6. 减少理赔疏漏

保险公司在保险理赔审核环节通过利用人工智能技术可以实现单证信息的自动校对，自动分析处理客户申请赔付所递交的相关诊断证明及资料，确定疾病类型及实施的治疗方案，建立公司理赔条款与客户诊断证明的匹配系统，实现准确对应，方便公司确认事件情况是否在保险责任范围以内，从而可以减少理赔疏漏，提高保险公司处理理赔事件的准确率。

八、创新商业模式

在某种意义上商业模式是公司发展的重要环节，只有确定好公司的经营模式，才能使公司更好地朝着目标前行。保险公司在数字化转型的过程中，就是不断更新自己商业模式的过程。

1. O2O 线上与线下融合

O2O 是新诞生的一种商业模式，通过利用低成本、高效率的互联网信息技术，改善更新传统保险模式中的低效率内容，核心理念是充分利用平等、共享、互动、开放、迭代的互联网思维。保险公司为提高员工的工作效率，通过赋能从事保险行业的业务人员，实行 O2O 模式，实现线上线下相融合的业务模式，从而不断提升保险公司的服务客户能力和产品营销能力。

保险公司一般有以下三种 O2O 模式：

（1）线下销售保险产品，线上提供服务。保险公司可以通过各种线下渠道销售保险产品，比如直销、经纪公司和代理等多种方式，同时充分利用各方资源，实现各类服务资源的整合，进而通过移动互联和互联网等多种渠道为客户提供多种线上保险服务。

（2）线上销售产品，线下提供理赔服务。客户可以通过保险公司的手机 App 和其官方网站，以线上购买的方式进行投保，如果需要进行保险理赔时到线下相关网点办理相关业务。

（3）全渠道统一用户体验模式。保险公司通过多方力量，实现各种渠道的有效衔接，使客户无论从哪一个渠道办理业务，都可以在另一个渠道办理后续业务，而在每个渠道中用户的信息及业务流程保持一致。例如客户电话询问保险产品，却在保险公司官方网站上进行产品询价，最后通过业务人员或保险中介购买产品，在不同渠道中保持一致的体验。

2. 平台模式

传统保险公司并不是生态平台建设的主要倡导者，一般是通过公司内部的专业化管理，在增强抵御风险能力的同时不断提升公司承保盈利的能力，保险公司由于自身具有庞大的客户资源，可以借助各方力量整合资源，利用新兴技术打造生态平台，提供丰富、多层次的线上保险服务，从而满足客户差异化的产品和服务需求。

3. 共享经济模式

保险公司实行的共享经济模式主要表现为代理销售保险产品和共享查勘两种形式。在保险产品销售方面，保险公司可以搭建社会化的代理保险平台，将社会兼职代理人员、分散型保险客户等群体发展成为兼职保险代理人员，这些人员可以借助保险代理平台销售相关保险产品，从而赚取保险佣金。共享经济模式在让更多人了解产品的过程中，共同努力打造结合互联网特色的致富平台。

在查勘环节，保险公司原先因为验证案件真实性损耗了查勘理赔人员大量的时间精力，大量的人力、物力只是为了避免客户被欺诈，保护客户的切身利益。随着数字技术的迅速发展，可以借助多方力量实时查勘案件情况，通过快递员、专车司机等社会群体广泛参与其中，从而代替保险公司的人员前往现场查勘，减少资源浪费，有效降低公司成本。

九、完善制度环境

一直以来保险业都是依靠人力营销来实现业务量的增长，当前数字化转型主要是针对数据，与数据相关的基础设施建设、监管机构创新监管方式，以及客户隐私信息的保护都应是行业关注的重点，且应不断完善制度环境。

十、加强风险防控

由于保险行业在数字化转型的过程中所产生的海量数据，造成了很大的网络安全隐患，传播速度快、影响范围广、溢出效应强，比传统的保险风险更加多样化。智能化、互联网化的服务在为人们带来便利的同时，也应努力提高网络风险防范意识。

十一、重视数据建设，重视企业的数字化资产

数据价值可以帮助保险公司充分把握用户需求，借助大数据技术，许多公司可以精准构建用户画像，研发出更具针对性的保险产品，从而实现"弯道超车"。为缩小与行业头部的差距，跨越产品类别和客户群体构建的保险生态链和价值链，需要大力搭建数据平台，重视数据价值。

十二、培养专业人才

为了加快保险公司数字化转型的进程，培养员工数字技能和引进高端技术人才显得尤为重要。可如何引进人才、完善人才培养体系，设计薪酬规划成为保险公司在转型过程中需要考虑的问题。学习国外机构先进经验，以及员工培训与实践相结合，在保证公司内部稳定的同时满足快速响应的新需求。

十三、培育数字化的企业文化

保险公司在数字化转型的过程中不仅需要快速响应客户行为的变化，还需要

强化团队协作，充分把握数字技术带来的机遇，培养变革与创新的思维模式，树立数字化的企业文化。

第六节　案例分析：Z保险公司数字化转型

Z保险公司是我国最大的商业保险公司之一，在1949年成立。随着公司规模的扩大，在1996年分设保险公司，最终在1999年成功更名。在这之后公司经国务院和中国保险监督委员会批准，在2003年逐步开展公司重组改制工作，并再次更名，拥有独家设立子公司的资格。当前集团公司旗下有保险股份有限公司、财产保险股份有限公司、资产管理有限公司、电子商务有限公司、养老保险股份有限公司、海外股份有限公司、健康产业投资有限公司、投资保险资产管理有限公司，以及保险职业学院等多家公司和机构，即八家子公司及其附属院校。Z保险公司在2016年与广发银行开展合作，从而实现保险、银行、投资三大板块协调发展的新模式。

Z保险公司作为我国典型的传统保险公司，近年来将科技创新放在公司发展更加突出的位置，持续推进科技、机构、资本、队伍、网点等生产要素的变革，实现新旧动能的转换及有效衔接。此外，Z保险公司推出"科技国寿"的发展战略，并通过了落实"科技国寿"三年建设的行动方案，以及根据寿险经营模式的特点，成功搭建了匹配公司"双心双聚"核心理念的数字化模型EAC，促进了新兴技术与公司日常经营活动的有机结合，更是实现了科技引领时代潮流，数字推动业务发展的场景。

近年来，Z保险公司在坚持不懈的努力下，成功搭建出线下线上一体化、全方位开放的数字平台，更是实现了"大后台+小前端"的移动互联布局，这是行业内最为宏大、覆盖范围最广的数字生态环境。Z保险公司长期以来丰富扩展以保险为基础的产品，科技创新促进了公司的高质量发展。新冠肺炎疫情没有对公司发展产生太大的影响，却意外催化了远程办公、线上服务、线上销售、视频直播等更加丰富的应用形式的创新，将国寿科技的生产力提升到一个新高度，数字化让公司成功应对了这次危机，并为之后的转型积累了宝贵的经验。

一、升级运营系统，打造新型模式

Z 保险公司通过大数据技术全面升级公司系统平台，希望搭建易拓展、高可靠的 IT 后台以及全天动态变化的互联网。通过移动互联将公司信息尽可能传播开来，使用户不管身处何地，只要想了解公司信息就可以实现，同时公司通过互联网化改造实现公司扁平化发展，在原本整体架构的基础上利用数据进一步将各环节串联起来，大大提高了公司的运营效率，为公司员工创造了快捷线上操作的前提，从而可以实现无阻碍运营。

Z 保险公司最近几年抓住数字经济发展的机遇，通过利用物联网技术实现日常办公智能化和持续优化公司系统，逐步增设市场新型智能设备，尽可能覆盖公司所有工作范围，以及部署 2000 余台自助服务终端设备分散到各级机构网点，实现数字化运营，保证员工在进行业务推广时让用户感受到公司的专业服务。全新的营销模式，使云端服务更加日常化，从而为科技防疫提供了全天候信息联通的新武器。公司员工只要有手机、平板电脑、笔记本或者传统 PC 等任何一种设备，都可以在任何时间、任何地点实现办公，为客户提供全周期无差别的服务。

二、大胆创新，整合海量资源

互联网的出现为公司运营带来了新的难题，平台如何支持瞬间庞大的群体访问。为此 Z 保险公司大力变革传统 IT 基础架构，实现随需供给 IT 基础资源，高效对接以头部运营商为代表的公有云和以 Z 保险公司为典型的私有云。双方合作推出的混合云，简单来说就是在公有云中布局前端应用，在私有云中保存公司隐秘数据，这样就能提升用户访问平台的稳定性，而且更加安全可靠、弹性灵活。全新的混合云架构实现了系统的流畅性与稳定性的大幅度提升，而且对于公司出现的业务高峰也能从容应对。

面对疫情带来的数字挑战，国寿混合云可以实现 2 小时内完成核心业务系统将近 6 倍资源扩容，4 小时内可以扩容 3 倍资源的云视频，其安全可靠、方便快捷、弹性伸缩、不间断运行的优势，有利于稳定平台运营，有效缓冲数字平台因形形色色的线上服务带来的崩溃压力。同时 Z 保险公司借助混合云，可以实现全方位对数据库和基础资源设备进行监控，根据系统强大的筛查功能，可以有效抵御隐藏的风险侵袭，强化平台故障之后的复原能力，从而可以有效改善用户体验。

三、树立数字理念，升级销售模式

Z 保险公司高度重视数字技术，积极搭建线下线上一体化、全方位开放的数字化平台，以及为用户提供插件式、组件式的专业服务，凭借数字平台的运算能力，根据用户特点灵活搭配保险产品，最大限度满足用户需求。Z 保险公司通过组建专业团队，成立研究所对用户数据加以研究，实现各类数据的资源整合，持续创新展业模式，使系统通过 AI 智能推荐优质客户，从而提供更加高效的一对一服务。线上直播也为公司提供了新的销售模式，公司人员可以随时随地使用智慧展业以及平台运营实现直播推广，这样新颖的营销模式可以获得大量的流量，为公司带来关注。

新冠肺炎疫情防控期间，行业各级机构意识到数字技术的重要性，通过搭建数字服务平台实现线上运营，用科技创新来助力企业全面复工复产，促进各地经济回暖。

开启视频直播早会新模式。公司早会原来是召集公司员工，总结昨天员工工作情况以及部署今日安排。由于 Z 保险公司的机构过于庞大，遍布全国，新冠肺炎疫情防控期间为减少人员接触、保证公司业务正常开展，线上直播的形式可以实现销售人员在不同的地方都能接收到公司最新的指示，以及管理者设置工作目标和鼓舞员工士气。早会的照常召开对员工工作有着很大的益处，为员工交流工作心得提供了新的可能。

开展新型员工能力培养活动。Z 保险公司利用人工智能技术为员工创造了一个智能化人机沟通的模拟活动，员工可以在业余时间进行训练实现能力提升。该方式最早在湖北等新冠肺炎疫情严重的地区实施，线上训练以及通关的方式为许多公司在特殊时期增强员工业务能力提供了可能。

开展职场员工业绩播报。公司利用大数据实现实时播报销售人员的业绩战报、早会预告、产品宣导、增援动态等信息推送服务，为员工推广业务提供了技术支持。在技术成熟后，公司开始向全国各地的职场推荐，在每日 8：00 ~ 24：00 设置播报时间，可以让销售人员第一时间获取相关业绩动态以及最新信息资讯，从而提升销售展业动力，这项服务也成为公司日常运营的实施化、精细化管理的数字工具，受到广大销售人员的喜爱。

四、全面升级，提升用户体验

Z 保险公司在转型过程中逐渐意识到数字技术的重要性，并根据公司经营模式利用各种技术加以升级改造，不断强化技术在核心环节的应用，实现公司整体数字能力的提升。公司通过自主研发推出了线上自助式业务办理，简便易行的操作方式为用户办理业务缩短了时间。此外，智能核保系统提高了公司审核理赔事件的效率，并凭借其准确率逐渐代替人工审核，实现了理赔环节的全程自动化办理。公司还成功研发风险识别系统，可以智能识别所遇到的风险并提醒相关专业人员加以预防，反洗钱系统的建立不仅强化了营销人员智能识别违规操作和风险管控的能力，而且切实解决了反洗钱工作"发现难、查证难"的难点。

新冠肺炎疫情防控期间减少人员接触更是对公司业务服务的一次重大挑战，如何提供更加安全高效的服务是公司当前亟须解决的问题。公司持续加强线上运营相关方面工作，深度分析用户需求，升级线上服务板块，致力于为用户提供安全便利的业务服务。这样的方式在提升客户体验的同时也满足了健康服务的客户需求。

此外，Z 保险公司还通过与多方力量合作，整合优质资源，在特殊时期为疫情防控提供了特殊服务，比如聘请专业医师在线义诊等健康服务。公司借鉴国外先进经验优化线上服务，推出借款还款、续期缴费、生存金领取、保单复效等线上服务；优化语音验证与人脸识别平台登录认证环节，完善电子保单回访回执流程；为减少和避免因纸质保单快递服务导致的遗失，推荐广大用户在业务办理过程中使用电子保单，并做好用户查询业务进度及保单下载的相关服务。

Z 保险公司加强对数字技术的应用，率先在湖北等疫情严重的地方实行"空中客服"，客户可以随时随地登录寿险 App，与全国 3000 多个柜面的上万名客户进行"面对面"交流，这一服务场景运用人脸识别、互联网视频等许多智能技术，为客户提供了线下与线上服务一致化的服务体验，有效解决了特殊时期客户为减少接触而无法到柜面办理业务的问题。"空中客户"这一线上服务的新方式，加速了公司数字化转型的进程。

第十章　证券行业数字化转型

新兴技术的出现为证券行业转型提供了新的可能，带来了新的发展机遇，如何享受数字经济的红利成为行业乐此不疲讨论的话题。证券行业要想实现创新高质量发展，科技赋能无疑是一条捷径，升级商业模式和拓宽业务边界。推动行业数字化转型，更新发展动力，是证券行业长久发展的必经之路。

第一节　证券行业数字化转型背景

中国的证券行业在改革开放初期才刚刚萌芽，经过多年的苦心耕耘逐渐发展壮大，行业的成熟为社会就业创造了平台，同时在整个国民经济发展中发挥着越来越重要的作用。

从总体上看，中国证券行业的发展可以划分为五个阶段：第一阶段是中国证券行业在改革开放的春风下孕育产生，根据市场实际情况相继成立上海证券交易所和深圳证券交易所；第二阶段是在行业发展一段时间后，1992 年中国证监会的成立以及出台的相关行业制度，开始规范纠正行业发展方向；第三阶段是政府在 1999 年颁布实施《中华人民共和国证券法》，为市场正常运行提供了法律支持，真正意义上监督行业发展；第四阶段是证券行业在社会各界的关注下，逐渐找到发展模式，通过学习政府的相关文件，规范市场运行；第五阶段是中国证券行业处于多元化发展阶段，在优化资源配置、助力经济发展、优化产业布局等方面都为社会进步提供了支持。通过梳理以上五个阶段的事件及内容特征，不难看出中国证券行业从最初的野蛮生长逐步变得更加规范化、多元化，并在经济发展中发挥着越来越重要的作用，成为国民经济发展的中流砥柱。

随着信息技术的不断发展和中国证券市场的竞争更加激烈，不断要求证券公司高质量创新发展，使国内诸多证券公司寻求转型来获得发展。有像中信证券在原先以高端客户和机构自身客户优先发展的基础上，推出"产品化、机构化和高端化"的发展策略，从而不断提高产品的销售规模；还有像广发证券利用大数据，在保证线下规模的同时吸引线上更多的年轻群体，做好线上线下双轨运行的营销服务模式，进一步扩大消费群体来推动企业发展。此外，华泰证券也开始进行业务模式转型的尝试，从经纪业务单一方向到财富管理、经纪商业等综合金融科技方向发展。通过分析国内相关优秀证券公司的改革路径，发现为应对时代的更迭变化，中国证券行业正在向多个方面转型发展，通过广泛应用新技术和细分群体等多种方式来推动企业高质量创新发展。

第二节　证券行业数字化转型的必要性

随着近年来中国证券行业经纪业务的不断优化，在面临经济全球化带来的机遇时，中国证券还需要不断提升金融服务供给能力，在数字化转型的过程中坚持在数字化转型的过程中借助高新技术找出公司现存的问题，从而可以对症下药，全面优化公司各个运营环节，焕发企业活力。科学技术的不断发展，产业更新换代的大趋势下使原先的业务模式不再是一成不变的，尤其是业务开展、环境监管、风险防控等环节。证券行业开始重视数字技术在公司核心环节的应用，不但提高了证券市场整体的运行效率，还催生了金融云、智能投研、智能投顾等一系列新产品和服务，促进了金融科技与业务发展的良性循环。

《证券基金经营机构信息技术管理办法》《金融科技（FinTech）发展规划（2019-2021年）》等文件的相继出台从侧面反映了金融科技在飞跃发展的同时也需受到监管。近年来，我国金融监管部门对金融与科技深度融合、风险防控等方面提出了新的要求。在保证科技应用与业务开展深度融合的基础上，增强金融与科技应用能力，实现消费者对数字化、网络化、智能化金融产品和服务满意度的发展目标。因此，为实现信息技术与经纪业务的协调发展，证券行业应通过数字化转型这一主要途径提升风险防控能力、优化营商环境，进一步完善经纪业务发展模式，从而增强人民群众对金融产品及服务的认可。

第三节 证券行业数字化转型状况调查

一、问卷发放及回收情况

证券行业数字化转型问卷调查如表 10-1 所示。

表 10-1 证券行业数字化转型问卷调查

调查维度	序号	问题
基本信息采集	1	您的性别是
	2	您的年龄是
	3	您的学历是
	4	您目前从事的职业是
	5	您的月平均收入（税后）是
	6	除了必要的开支，您的年余额占全年收入的
	7	您现有的资产规模（人民币）是
证券行业经纪业务数字化转型情况调查	8	您自我感觉对证券行业数字化转型的了解程度如何
	9	您所在证券公司是否开始数字化转型
	10	您所在公司在数字化转型的技术投入情况
	11	您认为贵公司数字化运行过程对哪些方面起到了显著推动作用
	12	你所在公司数字化转型的战略侧重点
	13	您所在公司对金融产品体系建设关注点
	14	您所在公司提供的线上服务形式有哪些
	15	您对证券公司投资顾问服务的感受如何
	16	您所在公司的人才培养体系是否健全
	17	您所在公司的数据安全是否有保障
	18	您认为目前证券行业在数字化转型中存在哪些问题
	19	您认为应采取哪些措施促进证券行业的数字化转型
	20	您对目前证券行业的数字化转型有哪些意见或建议

本次调研将投资顾问和投资经理作为问卷调查的对象，面向超过 40 家券商

（或基金等资管机构）的 100 位研究员，涉及面相对较广，具有代表性。问卷的发放形式采取线上与线下相结合，线上使用电子问卷，主要是针对异地却有代表性的群体；线下调查地点主要选在市内相对发达的商业街的机构网点，发放纸质问卷的同时可以与研究员进行交流，从而保证调研顺利进行。本次调查旨在探讨证券行业数字化转型的不足并通过分析寻求未来行业转型路径以及改善策略。

　　本次调研主要分为线上和线下两种形式，共发放问卷 100 份，实际收回 86 份，问卷回收率达到 86%。经过调查小组认真校对，有 4 份问卷被调查者信息不完整以及部分题项回答缺失，实际获得 82 份有效问卷，有效回收率为 82%。证券行业数字化转型问卷调查如表 10-1 所示。

二、调查结果统计情况

　　1. 调研对象的基本信息统计

　　（1）调研对象的性别统计。从图 10-1 的统计数据可知，本次共对 82 位行业券商及相关资金管理机构的研究员进行调研，其中有 39 位男性，占比为 48%；43 位女性，占比为 52%。

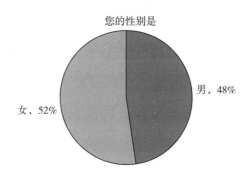

图 10-1　调研对象的性别统计

　　（2）调研对象的年龄统计。由图 10-2 可知，本次调研对象在 20~30 岁的群体占样本的 19.5%，在 31~40 岁的群体占比为 35.4%，在 41~50 岁的群体占比为 40.2%，50 岁以上的群体占比仅为 4.9%，发现参与本次调查的对象集中在 31~50 岁。

　　（3）调研对象的学历统计。由图 10-3 可知，调研对象主要集中在大学本科和专科学历，分别占样本的 34% 和 32%。7% 的调研对象是初中及以下的学历，14% 的对象是高中或中职中专

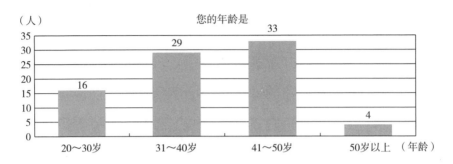

图 10-2　调研对象的年龄统计

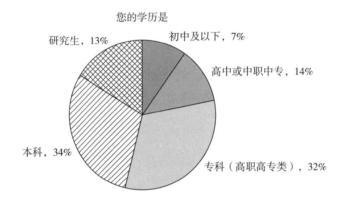

图 10-3　调研对象的学历统计

的学历，13%的对象是研究生学历，可以分析得出现阶段从事证券行业的研究员的受教育程度越来越高，可以提供更专业的服务。

（4）调研对象的月平均收入统计。由图 10-4 可知，10%的调研对象月平均收入在 3000 元及以下，26%的对象月平均收入在 3001~4000 元，24%的对象月平均收入在 4001~5000 元，28%的对象月平均收入在 5001~10000 元，12%的对象月平均收入在 10000 元以上。

2. 证券行业数字化转型的状况调查

（1）调研对象对证券行业数字化转型的了解程度。由图 10-5 可知，有 26%的调研对象对证券行业的数字化转型十分了解，33%的对象表示对证券行业的数字化转型较为了解，29%的调研对象对证券行业的数字化转型了解程度一般，12%的对象表示对证券行业数字化转型不太了解。

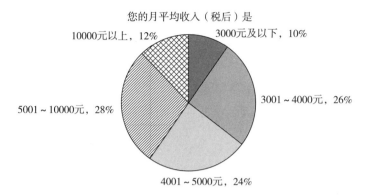

图 10-4　调研对象的月平均收入统计

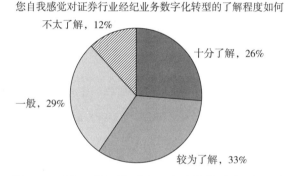

图 10-5　调研对象对证券行业数字化转型的了解程度

（2）对证券公司技术投入情况的调研。由图 10-6 可知，24.4% 的调研对象所在证券公司的技术投入在 1000 万元以下，34.1% 的对象所在证券公司的技术投入在 1000 万~5000 万元，26.8% 的调研对象所在证券公司的技术投入在 5001 万~1 亿元，14.6% 的对象所在证券公司的技术投入在 1 亿元以上。调研显示证

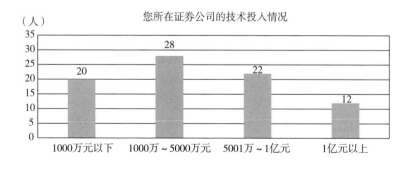

图 10-6　对证券公司技术投入情况的调研

券行业的技术投入两极分化，大部分证券公司的技术投入在 5000 万元以下。

（3）对所在公司数字化运行方面的调研。在对研究对象对自己所在公司数字化运行方面的调研中，26% 的调研对象表示公司的数字化治理集中在产品研发方面，19% 的对象表示围绕客户管理方面进行，30% 的对象认为集中在市场营销方面，15% 的对象表示集中在内部管理方面，还有 10% 的对象表示公司的数字化运行过程还对其他方面起到了推动作用（见图 10-7）。

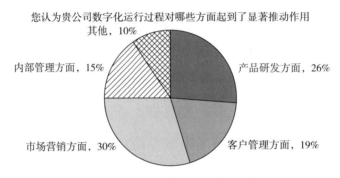

图 10-7　对所在公司数字化运行方面的调研

（4）对证券公司投资顾问服务的调研。在对证券公司投资顾问服务的调研中，有 26.19% 的调研对象对此表示非常满意，46.43% 的对象对此表示总体满意，15.48% 的对象持一般态度，仍有 11.90% 的对象对证券公司投资顾问服务仍有不满意的地方（见图 10-8）。

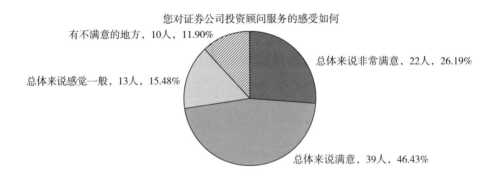

图 10-8　对证券公司投资顾问服务的调研

（5）对所在公司数据安全是否有保障的调研。由图 10-9 可知，95% 的对象认为自己所在公司的数据安全有保障，剩余 5% 的对象表示没有保障，可能是由于数据处理过程不够严密，容易出现数据泄露的问题。

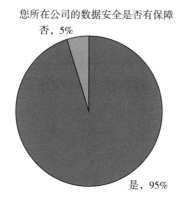

您所在公司的数据安全是否有保障

图 10-9　对所在公司数据安全是否有保障的调研

（6）证券行业数字化转型促进措施的调研。由表 10-2 可知，95.1% 的调查对象认为加强科技投入，自主创新可以促进证券行业的数字化转型发展，96.3% 的调查对象表示证券公司可通过提升数字化治理水平实现创新发展，100% 的调查对象认为人才是第一位的，只有实现专业人才的培育，才能保障行业顺利转型，92.7% 的对象表示强化数据安全保障，构建风险防控体系有助于促进证券行业的数字化转型发展。

表 10-2　证券行业数字化转型促进措施的调研

选项	人数（人）	占比（%）
加强科技投入，自主创新	78	95.1
提升数字化治理水平	79	96.3
培养专业的人才	82	100
构建风险防控体系	76	92.7
其他	58	70.7
总计	82	—

第四节　国内证券行业数字化转型的现状

为了解决证券行业数字化转型的现状与存在的问题，特向行业相关从业者进行问卷调研。调研结果显示，2017年大多数证券公司开始准备并尝试数字化转型，购买相关设备与基础设施，提升数据治理化水平。证券公司近年来的支出变化最大的项目为员工薪酬，主要是线上运营人员和专业技术工作人员等方面的投入增加。员工薪资的费用支付占比在下降，而电子设备维护、折旧、购买所支付费用的占比呈上升趋势。从侧面判断出信息技术对推动行业发展起着更加突出的作用。目前证券公司实施数字化转型的效果已初步显现，但仍存在不同公司投入差距大、数字化治理水平低下、人才培养体系不健全、数据安全难以保证等问题。

中国证券行业自改革开放以来艰难起步至今已经过40多年的发展，从一开始的野蛮生长逐渐认识到行业发展规律，凭借坚忍不拔的不屈意志，创造了一个又一个的商业奇迹，并成为推动国民经济发展的重要力量。然而随着我国开放程度的进一步扩大，我国证券业正面临着前所未有的挑战。信息技术的广泛应用使证券公司不能再像以前那样只是依靠线下营销。大部分券商开始对营销部门减员增效，推动经纪业务的转型，通过转移业务到线上运营寻求新的销售渠道，扩大行业的目标群体，迎合新新群体的消费习性，促进公司的长久发展。

随着对外开放程度的不断扩大，在互联网时代背景下，中国证券行业需要不断创新来迎接新的挑战。严峻的市场环境不利于证券公司的正常运转，业务收入也在不断下滑，传统商业模式遭受着前所未有的市场冲击，所面临的风险多种多样，具体呈现以下三方面的特点：

首先，随着我国金融市场不断对外开放，国内证券公司不仅需创新自身产品，还要努力在恶劣的国际市场中脱颖而出，争得一席之地。随着国际证券公司涌入中国市场，因其优质的服务和丰富的理财产品体系吸引着国内的高净值客户群体，境内与境外的行业竞争已不可同日而语。

其次，复杂的市场环境使众多中小型证券公司只能重组、并组，从而避免或减少被市场淘汰。中小型证券公司的经纪业务向大型公司靠拢集中，希望能在激烈竞争中减少损失。

最后，证券公司在推广业务的过程中因投资风险丧失了一部分客户，以及管理不当造成客户资产损失。未来公司应着力改善投资环境和优化公司管理，做好基础工作，减少不必要的资源损失。

当前证券市场已基本达到饱和状态，竞争日趋激烈。于是许多公司采取降低佣金的方式希望获得竞争优势，而不是努力研发出让用户满意的产品，目光短浅的操作方式不仅没有赢得市场，反而让中国券商步履维艰。

一、数字化转型投入两极分化

近年来，证券公司经纪业务的收入因为市场竞争的日益激烈呈逐年下降的趋势。而我国证券行业对经纪业务有着很强的依赖性，在一定时期内无法改变行业收入结构。尽管证券公司的业务除经纪业务外，还基于公司特点推出了资产管理等一系列业务模式，但经纪业务仍是其基础工作模式。为此，证券公司下调市场佣金率寻求更多的业务，积极采取众多营销手段都没有很好地控制住经纪业务的下降趋势。证券公司面对行业竞争压力，只能降低传统经纪业务的比例，不断调整业务结构，通过数字化转型来变压力为动力。

在证券公司意识到这一点时，在产品和服务创新方面的投入也越来越多。但总体上呈现两极分化的趋势，部分证券公司为了寻求获得更强的竞争优势，数字技术的投入占比逐年递增，且投资额巨大。而大多数证券公司尽管也开始数字化转型，但重视程度不够，只是增加了这一计划，并未有实际进展，或是科技投入严重不足。因此中国证券行业如果想取得质的突破，摆脱长期以来对经纪业务的依赖，向新的业务产品迈进，就需要通过数字化转型来调整公司收入结构，避免经纪业务收入长期下滑所造成公司利润减少的局面。

二、数据治理水平较为基础

根据调研发现目前证券公司的数据技术应用仅限于基础数据支持方面，对信息技术的使用只是浮于表面，并没有做到金融科技的深入融合。有些证券公司在业务数据集、业务数据实时监控、各类业务及行业数据等方面都开始运用数字技术来提升工作效率。移动互联网、人工智能、大数据、云计算等技术的使用对于证券公司的产品创新有着极大的助力，但如何促进技术与传统业务模式的协调发展是每一位专家乐此不疲讨论的话题。

证券行业数字化转型已成大势所趋，从整体来看，我国证券行业的数字化技术应用场景有限，并没有做到两者真正的结合。相比国外已经相对成熟的业务模式，我国证券行业一方面信息技术只是在咨询服务、账户分析等方面得以应用，共享水平偏低、数据治理能力薄弱、数据价值无法得到充分发挥；另一方面在财富管理业务、理财个性化服务、智能交易等方面发挥作用有限。可见，无论是数据技术应用的深度还是广度，我国证券行业都有着较大的差距。

三、技术人才供应不足

证券行业在转型过程中需要技术人才对公司业务模式进行优化，从而拥有更强的竞争优势。但行业长期以来重业务轻技术的风气导致技术人才得不到重视，甚至有些公司把技术部门归为后勤保障部门。行业无法保障技术人才的晋升发展，一方面由于公司薪资与互联网行业相比不具吸引力，且激励机制不够完善，另一方面是相关人才培养体系不够健全，技术人才的晋升渠道不够畅通，由此大量的技术人才流失给公司转型带来沉重的打击。

目前，证券行业需要的是既懂业务又懂技术的人才，两者能力的培训需要系统科学的训练。公司员工培训一定程度上有利于相关人才的培养，但由于公司模式的僵化和培养体系的不健全又在抑制优秀人才的产生。技术人才的供应不足使公司需要从市场引进，而这又需要合理规划员工的薪资结构和后续发展。在此基础上，可以尝试以股权激励的方式吸引人才，扭转证券行业技术人才供不应求的局面。

四、数据安全难以保障

伴随着数字化转型的推进，证券行业在许多方面都开始应用信息技术，相关的应用场景不断拓展。在提升公司工作效率的同时也不可避免地留下安全漏洞。证券行业的发展速度较快，市场的饱和使其竞争程度更加激烈。而我国对此的规章制度和防范措施还比较薄弱，无法有效预防和应对突发事件的发生。此外信息技术与客户信息的联系愈发密切，一旦信息泄露将会给公司造成难以挽回的损失，因此公司需要加强数据安全防控。

海量数据的产生对证券公司的安全保证提出了挑战，目前我国证券行业正在不断健全相关规章制度，通过身份认证、网络保护等一系列措施加强数据安全防控。同时数据价值的提升也增加了公司的数据风险，需要提高证券公司的信息安全意识和公关团队应对危机的能力。数据安全问题给行业转型敲响了警钟，在寻求创新发展时不能一味地追求产品创新，同时也需要注意客户信息的保护。App的应用在提供线上服务的时候要注意安全管理，才能为客户提供更加开放、安全的投资环境。

第五节 证券行业数字化转型面临的挑战

一、行业科技投入不足

证券行业重业务不重技术的理念一直影响着公司的投入计划，导致产品同质化现象严重。随着数字化转型的兴起，一些证券公司开始尝试将自身的信息资源实现数字化，将目光转向投资、顾问、产品、合规、风控、信用等证券领域，从而达到强化现代科技的目的。近几年，转型诉求的不断加强使行业绝大多数的证券公司积极引进技术人才，改革公司的运营模式，逐渐加大信息技术在整个投入中的占比。

尽管证券公司开始意识到信息技术的重要性，并逐渐加大投入力度，但实际上除行业几家头部企业外，大多数公司只是象征性地把科技投入计划纳入公司的发展规划中，并未有实际进展。如果把证券行业的科技投入与其他金融行业比较的话，行业间的差距一目了然，银行业、保险业等其他行业的投入是证券行业投入的数倍。科技投入的规模一方面限制着证券行业的发展，另一方面也抑制着行业的活力。如何加大行业的科技投入力度，并将这些资金恰当地用在合适的领域也是值得思考的事情。

二、证券行业数字化应用水平依然有待提升

金融科技的融合正在促进着证券行业的发展，数字化成为众多证券公司弯道超车的制胜法宝。数字技术正在逐步被应用在证券行业的许多领域，不断拓宽在证券行业中的应用场景，诸多公司都意识到数字技术在公司转型中已不可或缺。一些证券公司通过利用数字技术不仅优化了公司系统，而且大幅度提高了员工的工作效率，甚至推出了许多新型智能服务，可以为用户提供多场景的服务体验。数字技术与金融业务的融合是当前证券行业的转型路径，与国外相比，我国利用

数字技术还显得十分稚嫩，数字化治理还有很长的路要走。

国际上有着众多实力雄厚的一流投行，正是由于早早地就意识到信息技术的重要性，凭借其强大的经济实力多面开花，在一些核心领域进行了创新变革，其中摩根士丹利、摩根大通享有盛名，创造了许多行业范例。2018 年，摩根士丹利推出 Goals Planning System（GPS），通过提供众多应用场景以及囊括一个人上学、家庭、旅行、退休等全生命周期的活动，致力于为客户提供千人千面的财富管理服务。摩根大通在 2019 年借助数字技术实现业务模式的升级，公司可以根据市场变化自动更新业务数据，整个业务流程基本实现自动化，极大地精简了公司人员规模。国际投行的先进经验为我们提供了参考，如果只是注重业务而不重视技术注定不能长久。据此，我国证券行业应着力提升数字化应用水平，在扩大数字应用范围的同时提升质量。当前证券行业只是在业务办理、咨询服务等一些基本领域进行数字化改造，应用领域还比较狭窄，需要加强场景应用。此外，行业整体数字化水平偏低，难以充分发挥数据作用，在很多领域的数字治理环节薄弱，需要加以完善，充分挖掘数据价值。证券行业应努力提升数字化应用广度和深度，弥补与国际先进机构的数字差距。

三、缺乏专业人才

证券行业需要通过业务员来不断增加业务量，一家公司拥有精通业务人才的数量决定着该公司的升值空间以及未来的前景。随着数字化转型步伐不断加快，数字化应用水平的提高，对证券行业寻求高质量发展提出了新的要求。随着技术人才在证券公司战略地位的提升，公司高管由技术人才担任的比例也不断增加。

尽管证券行业已通过数字化转型来改变当前困境，但由于转型时间较短，并未有显著成效。证券行业要想成功转型，必须持续加大人才培育力度，当前数字化人才急剧欠缺，一是许多证券公司还不够重视技术人才，公司只幻想客户对其金融产品忠诚，而没有去思考自身没有新意的产品如何去吸引及留住更多的客户，加上数字化转型的加速，短期内相关人才有效供给不足。二是行业人才培训方式与市场竞争不相匹配，与国际一流投行和金融机构相比，我国证券行业的人才培养模式陈旧落后，无法达到预期的效果。数字化人才大多在互联网行业谋求发展，证券行业的薪资无法吸引这些人才跨行发展。同时培养出的人才由于公司制度不健全造成大量流失，供不应求的人才局面困扰着公司管理者。尤其是信息技术部门仍然被定位为后台技术支持部门或成本中心，数字化人才得不到公平的对待。

四、缺乏专业的风险防控系统

随着众多行业开始采集用户的信息作为登录平台的依据，庞大的信息量成为公司的数据源，行业为提高工作效率，通过利用信息技术加以改善，同时也不可避免地威胁着用户信息安全。当前，我国证券行业对此也通过健全公司规章制度和采用身份认证、网络保护、移动应用加固等一系列技术手段来加强行业数据安全的管控，有针对性地防御相关技术安全漏洞和预防数据安全隐患的发生，从而基本保障了信息系统的安全运行。

尽管证券公司对于数据安全已经采取了一些管控手段，但由于证券行业在转型过程中不可避免地会遭遇突发事件，往往因为网络攻击发生数据泄露，给公司和客户带来难以弥补的损失。同时由于数据价值的凸显，如果用户数据或者公司重要业务数据出现问题，将会直接对公司产生致命的影响，这就要求证券公司一定要做好数据安全工作。证券行业在数字化转型的进程中，通过数字技术改造运营模式和升级操作系统的同时，避免因员工工作失误造成信息泄露，或者在升级过程中因技术问题造成数据缺失，一定要合规操作、规范运营，切实保障数据安全。

第六节　证券行业数字化转型的促进策略

近年来，证券行业数字化转型如火如荼，并在不断地深化改革。据调研显示，绝大多数证券公司都已开始数字化转型，逐渐加大科技投入、重视产品研发，致力于实现公司高质量创新发展。推动证券行业数字化转型有利于提升整体行业的数字化治理水平，技术驱动业务发展。此外，新冠肺炎疫情意外催化了线上服务的迅猛发展，推动着证券行业转型进程。

一、明确科技投入计划，加强合作

（1）总结经验，细化分类标准。由于证券公司的研究经费有限，明确信息技术投入的领域范围以及科学规划项目投入比例，符合行业监管部门审计要求，最大限度地用好科技投入。通过学习行业头部公司的科技投入经验，完善投入计划，着力提升证券公司的产品创新能力，完善分类投入标准，真正让科学技术发挥作用。

（2）大胆创新，推动技术与实践相结合。证券行业长期以来都比较重视金融产品业务的发展，在数字化转型的过程中缺乏在业务上运用技术加以创新。证券公司应有选择性地借鉴国内外优秀案例，着力在业务关键环节进行改善创新，积极开展行业实践活动，实现业务与技术的深度融合，进而推动公司业务的蓬勃发展。评估数字技术在证券行业业务促进的应用效果，树立相关公司典型范例，激励行业众多人才加入其中，广泛参与行业转型的实践活动。

（3）加强科技合作。证券市场的激烈竞争下没有一家证券公司能够独善其身，证券公司应在独立开发的基础上与第三方科研机构或科技公司协议开发、合作研发金融产品，持续不断地提升行业自主研发产品的能力。当前众多证券公司的数字基础仍比较薄弱，需要携手提升数字化治理水平，或者与优秀的科技公司合作，借助平台优势实现科技创新，行业鼓励资本雄厚的证券公司组建自己的研究所，细化科技投入计划。

二、让数字技术驱动业务发展

（1）形成行业运行标准。证券公司可以借鉴国外金融机构的经验，在学习政府文件的基础上，循序渐进制定并细化行业应用数字技术的规范标准，切实保障金融市场的有序运转。证券公司在数字化转型的过程中要引导金融科技在证券领域的有机结合与稳步推进，从而提升居民的财富管理能力和推进实体经济的发展。

（2）提高数据应用水平。当前证券公司还是处于数据应用的初级阶段，并未真正实现资源整合，难以充分发挥数据价值。因此，公司应根据自身状况，搭建数字平台，形成标准化管理，即让专业人员按照要求采集业务数据，并统一存储、管理，提高数据应用效率。同时提高数字治理化水平，在业务开展时深入挖掘数据价值，促进业务的融合发展。

三、引进与培养人才并举

（1）完善行业要求，为优秀人才开设绿色通道。证券行业的工作人员需要考取相关资格证书，在一定程度上形成了行业壁垒。证券行业本身与互联网等科技行业相比，引进技术人才力度不够且薪酬没有吸引力，行业壁垒一定程度上阻碍了人才的自由流动。因此，需要拓宽行业高层管理者的任职要求，允许在科技公司有杰出贡献或者满足条件的人才破格录用。在相关人员进入行业后，允许其在几年时间内考取相关资格证书，消除行业壁垒所带来的消极影响。

（2）健全公司员工培养机制。合理规划人才的薪酬结构，构建长效人才激励机制对于留住人才、用好人才有着重要的作用。公司的硬实力是吸引人才的核心要素，比如资金情况、平台等，软实力对人才来说也是不可忽视的。公司的员工培养机制是否有效、薪酬设计是否合理，对员工来说十分重要。公司在培养员工时不能只想着公司要什么样的人才，也要考虑提升员工技能，使其全面发展。同时，证券公司可以采取股权激励和多层次的员工管理办法，激发员工活力。

（3）多形式培育专业人才。完善数字人才培训方式，通过学者、专家、业务精英等多方参与结合公司特色，借鉴国内外优秀公司先进经验，设计自身人才培养方案。证券公司应加强专家数据库的建设，与国内双一流高校、行业优秀科技公司开展合作，通过培训轮岗学习的形式联合培养数字人才。

四、完善数据安全环节，做好风险防控

（1）树立风险意识，保障数据安全。证券公司在开展业务活动的过程中应注意风险防控，同时与科技公司合作，在数据应用环节提供安全保障。数据安全核心技术的研发与运用、数据安全标准的确立对构建数据保障体系有着不容忽视的作用。在证券行业数字化转型的过程中应用信息技术的同时也要注意数据的保护。

（2）增强数据安全管控，提升业务连续性保障能力。证券公司在与科技公司合作的过程中，培育相关技术人才，并实现数据监测系统的建立，全程守护用户的业务管理过程，以便及时应对突发风险。同时公司应组织员工积极学习相关风险知识，完善风险防控系统，避免数据出现问题。在做到有效应对突发安全事件的情况下，风险防控也不容忽视，增强数据安全管控为公司业务开展保驾护航。

第七节　案例分析：H证券公司数字化转型

一、H证券公司简介

H证券公司是一家致力于达到国际领先的综合金融集团，于1991年在江苏南京成立，拥有广泛的客户群体、领先的信息平台经济和业务一体化的协同体系。H证券公司作为经纪业务的龙头券商，有着成熟的经纪业务发展模式；同时H证券公司也是一家国有控股证券公司，重视对互联网建设平台的经济投入，并长期处于在证券行业中对IT系统的投入的企业前列。H证券公司利用全业务链资源为投资者提供专业的金融服务，并着力通过金融科技助力转型。目前，公司积极顺应行业发展趋势，大力推动经纪业务向财富管理业务转型的发展战略。

二、H证券公司数字化转型过程

H证券公司早在2007年就开始试图将经纪业务向财富管理业务转型，并制定了相关发展战略。然后H证券公司通过市场调研进一步细化转型路径，积极利用数字技术改革公司模式，升级业务管理流程，主张自主研发金融产品。在经历长达12年的转型之路后，H证券公司的财富管理业务有着独特的管理模式，实现了部分环节上的重大突破并在证券行业的相关领域处于领先地位。可由于转型起步较晚，相对于发达国家已具备基本成熟的业务模式并初步完成线上服务来说，H证券公司的转型才刚刚开始。

当前H证券公司初步建立起资金理财的业务模式，借助数字技术升级用户体验，在积极探索数字化转型的过程中做了大量完善理财服务体系和技术架构的相关工作。H证券公司在本身经纪业务的基础上，积极寻求财富管理转型路径，以便高效地保持金融科技的深度融合。

H证券公司正是凭借其独特的经营模式在行业内享有盛名，以用户为中心，旨在为用户提供最好的服务。一是找对客户，公司在为客户服务之前都会统计基本信息，分析判断客户当前的可投资规模，在为客户提供标准化服务的前提下，指派专业投资顾问为高端客户进行服务。二是公司团队根据用户个性化的需求智能匹配产品服务，利用数字技术在海量数据中为用户画像。此外，公司持续培养专业人才以及自主研发产品，为公司正常运转提供动力。H证券公司还凭借其强大的资本力量收购了Asset Mark公司，实现了技术与业务协同发展。

1. 客户分级管理

H证券公司所提供的服务都是为了满足客户的需求，在为客户提供服务之前需要以客户信息为基础。国内证券公司在为客户提供财富管理服务时一般是根据个人的可投资规模，而不是客户账户的资产规模。国内有零售客户和高净值客户两种，零售客户一般投资额较少，投资经验相对浅薄，所应用的财富管理服务种类比较单一；而高净值客户往往投资额较高，需要更加专业的业务人员以及多层次的理财规划。按客户的个人可投资资产进行分类在某种程度上是不可取的，国外会将客户家庭情况、职业背景及风险偏好纳入考核范围。这样的客户分级模式理论上来说更加成熟有效，有利于投资顾问帮助客户做出更系统完整的规划。

当前H证券公司借鉴国外机构经验进行客户分级，根据客户可投资规模基本分为三个层次：小额用户、中级用户、超额用户。H证券公司根据客户不同的等级提供不同的服务，其中小额用户的投资规模在30万元以下，这部分用户会享受到由网络金融部所提供的一般服务；而中级用户投资规模在30万~1000万元，除标准化服务外，公司还会指派专业顾问全程投资陪护；超额用户的投资规模在1000万元以上，这部分用户会享受财富管理部的特别服务。

（1）小额用户。这部分群体相对来说投资金额不会太高，却是公司的主要客户来源。H证券公司的网络金融部会利用大数据描述出大众常见的用户画像，从而提供标准化的线上服务。此外公司推出张乐财富通App，用户可以在上面了解到公司的相关信息，以及选择产品进行购买。互联网技术的应用一方面提高了客户的交易便捷度，另一方面降低了公司的运营成本。H证券公司在积极推动营业网点轻盈化的战略，利用数字技术将部分业务转移到线上。

（2）中级用户。这部分的客户群体数量巨大，是H证券公司财富管理业务的主要服务群体。H证券公司在提供标准化的服务和产品时，应有效结合用户个性需求通过全国各地的机构对用户进行无距离服务，从而构建销售网络系统。

（3）超额用户。财富管理部会对这部分客户提供服务，这部分客户是传统意义上的高净值客户，需要提供多元服务满足其财富增值，通过业务人员专业技能分析风险与收益。为此 H 证券公司应组建部门专门负责这一人群的业务，配备经验丰富的投资顾问，通过数字技术根据用户个性化需求智能选择产品组合，为其量身打造，并提供全程投资陪护，致力于让客户在投资过程中感到安心、放心。

2. 全渠道运营

根据客户来源和客户属性，H 证券公司将其客户概括为四类，分别是零售客户、机构客户、专业投资者和高净值客户，并为其建立了不同的服务体系。

（1）零售客户。当前 H 证券公司受众群体主要有公司职工、大学生、灵活就业者等，公司将这部分群体称为零售客户，有着投资规模小的特点，却是主要的客户群体。H 证券公司根据市场调研得出零售客户没有太多业余时间，线上服务是最合适的方式。于是 H 证券公司推出"涨乐财富通"，为客户提供标准化的服务。

（2）机构客户。这部分客户一般由地方政府和各种企事业单位成员组成，资产规模大，但需求较为多元，需要提供的服务种类丰富，H 证券公司称之为机构客户。与零售客户不同，机构客户需要更加丰富的理财业务。H 证券公司应加大产品研发的力度，构建更加广泛的产品体系，丰富理财产品类型。

（3）专业投资者。这部分群体由于具备相对成熟的投资技能，在财富管理上有着自己独到的见解，不需要太多公司业务方面的指导。且专业投资者可支配的资金量较大，业务处理频繁，这就需要公司提供相对安全便捷的投资环境及稳定的资金来源。H 证券公司一直以来都很重视互联网技术，保障用户的数据安全，其公司 App 的业务功能就很好地满足了专业投资者的投资要求。

（4）高净值客户。高净值客户在公司客户规模中可能并不算多，但却是公司的利润保证。证券公司之所以要开展财富管理业务，不仅仅是提供一般无差别的服务，更是为高净值客户量身打造个性化的财富管理计划，帮助客户能够更加合理地管理财富。高净值客户往往是企业高管或者有着较高社会地位的人员，H 证券公司应在标准服务的基础上开展创新服务，满足客户更高层次的理财需求。

客户细分是为客户提供专业服务的前提，但不需要过于严苛。H 证券公司根据客户一般属性成立相关业务部门，致力于为不同的客户提供满意的服务。

3. 丰富理财产品体系

客户细分是为了更好地为客户服务，产品则是企业的立身之本。公司只有为用户提供满意的产品，才能更好地留住客户，促使公司长久有效发展。鉴于此，公司应通过推动线上服务和实现产品业务智能匹配两方面来丰富理财产品体系。

（1）推动线上服务。随着线上交易的普及，H证券公司根据公司当前组织架构，适时调整产品体系，增加金融产品的层次性、多样性以及完善相关的配套服务体系，为客户提供一站式的产品及服务。

（2）产品业务智能匹配。证券行业在原先经纪业务和资金管理业务的基础上进一步推出财富管理业务，因此在构建财富管理产品体系的过程中必须加强资管产品的创新。除此之外，H证券公司应深化各业务领域的产品研究，切实根据客户需求细化产品类型，而不是简单涉及。另外H证券公司还是行业内最早推出公募基金的证券公司，应不断完善客户财富管理的途径。财富管理业务出现得较晚，并未得到客户的真正认可，之前广大客户往往是通过银行存款实现资金保值增值，并未有通过股票、基金等方式投资的意识。随着数字技术的广泛应用，H证券公司可以借助大数据充分挖掘客户数据价值，根据客户需求智能匹配产品，从而更好地调动潜在客户的积极性。

4. 投资顾问队伍建设

无论是证券行业还是其他行业，企业的核心竞争力都是人才，但目前财富管理行业的人才还是比较匮乏，人才供应不足。H证券公司为了扩大自身的优势以及加强在财富管理业务上的市场竞争力，一如既往地加强自身的投资顾问队伍建设。

据H证券公司信息披露，当前公司从事业务工作的人员中一半以上是本科以上学历，这其中不乏双一流高校的研究生，员工学历水平远高于行业众多公司的平均水平。从H证券公司在2018年上半年发布的信息中可以得知，其投资顾问规模巨大，在行业中排行第四。

为了进一步加强人才培养建设，H证券公司的"千人计划"计划将投资顾问人数增加至3000人，除增加投资顾问员工比例外还要加强对投资顾问业务能力的提升，只有投资顾问能为客户提供良好的服务，公司才能有更多更优质的业务。在H证券公司转型的过程中，需要更多优秀的专业人才参与其中，共同实现更加专业的财富管理业务。

5. 开拓市场，整合业务资源

H 证券公司意识到随着金融市场的进一步开放，需要加强跨境财富管理人才的培养。为提高金融产品的研发能力，H 证券公司在香港成立科技子公司，成立专业研究团队，努力研究客户数据以及创新产品服务。另外，H 证券公司在 2016 年成功收购美国 Asset Mark 公司，主要是想依靠 Asset Mark 公司的资产管理平台，实现业务外包服务工作的整合，从而更好地帮助公司为客户提供一站式的产品服务。此外，H 证券公司通过与多方平台合作，搭建全新的投顾服务平台，致力于为用户提供智能化的投资体验。

（1）强化公司数字化应用能力。H 证券公司收购 Asset Mark 公司一方面是要借鉴美国机构的业务经验，整合公司资源，另一方面是 Asset Mark 公司有着相对成熟的产品投研体系。H 证券公司可以借此完善自身投研体系的薄弱环节，进一步保证公司的顺利转型，同时提升公司的数字化应用水平，实现投顾平台的顺利运转。

（2）开拓海外市场。Asset Mark 公司在美国有着良好的受众基础，且运营体系相对成熟。H 证券公司可以通过这一途径进军美国金融市场，借助平台优势迅速赢得美国当地用户支持，在充分挖掘境外投资数据价值的同时扩大公司销售渠道，保持公司员工的业务活力。

（3）加强用户运营。H 证券公司往往只是通过投资顾问为客户提供服务，双方的交流仅限于业务本身，随着交易活动的结束，客户与公司的联系也会随之中断。可以说客户与公司的关系并不紧密，需要加以维护。H 证券公司可以利用自身的投顾平台加强客户运营，智能推送相关产品信息，增强客户对公司产品的忠诚度。

（4）拓宽业务收入来源。长期以来 H 证券公司的业务收入来源主要是经纪业务，近年来因产品同质化严重及金融市场的竞争日益激烈，使业务佣金不断降低，公司收入也随之下降。H 证券公司在数字化转型的过程中，利用数字技术不断改善公司业务环节，借鉴 Asset Mark 公司的业务运作模式定期开展员工培训。另外，H 证券公司还推出财富管理业务，基于公司现有客户进一步转化为财富管理类资产，也就是说，从之前为客户投资到现在的公司直接运营管理。如果可以很好地实现这一设想，将会为公司增加新的业务收入。

（5）应用数字技术，升级业务模式。H 证券公司可以整合 Asset Mark 公司的平台资源，借鉴国外先进业务经验，升级业务流程，利用数字技术完善公司投顾平台，补充和完善公司的业务环节，逐渐构建起智能化的业务模式。另外，H 证券公司应加强对数字技术的研究应用，使金融业务与技术紧密结合，从而为客户提供更加优质的服务。

三、H 证券公司数字化转型的基本情况

（1）经纪业务收入占比持续下滑。证券公司很早之前就以经纪业务为主要收入来源，依靠人力营销来实现业务量的增长。我国证券行业由于产品同质化严重，在竞争日益激烈的金融市场中，公司依靠经纪业务所获得的收入逐年下滑。从 2008 年起经纪业务的佣金率不断下降，导致收入占比开始下跌。可见经纪业务的发展不容乐观，如何更好地调整业务模式、开拓新的业务来改善公司收入结构，是当前证券公司改革的重中之重。只有稳步增加收入来源，公司前景才会越来越好。

（2）国外证券公司进入带来的业务冲击。由于我国证券行业起步较晚，国家在对外开放的时候注重保护产业发展。伴随着证券行业的不断发展，我国开始进一步开放金融市场。2018 年，我国在海南举办了博鳌亚洲论坛，中国人民银行行长易纲对此做出了解释，并针对金融开放提出了具体的措施和时间安排。论坛上关于对外开放与证券行业相关的金融领域主要有两点措施：一是进一步允许外资企业在华投资证券公司，逐渐取消外资持股比例的限制；二是对于证券公司的股东不再强制必须要有一家在华注册公司。这意味着政府逐渐降低了对国内证券公司的保护，证券公司在未来会与国外公司有着更加激烈的竞争。

（3）资产管理市场前景良好。改革开放以来，中国经济飞速发展，不少人把握住了时代的红利，国内私人财富规模迎来了沉淀的黄金时期。从胡润研究院在 2020 年公开的数据来看，中国的高净值家庭、富裕家庭数量又有了新提高。其中，拥有 600 万元人民币的富裕家庭比上年增加 7 万户，现已达到 501 万户，实现了 1.4% 的增长，在这部分群体中可以用 600 万元人民币进行投资的家庭数量更是高达 180 万户；有着千万元人民币的高净值家庭数量比上年增加 4 万户，现达到 202 万户，实现了 2% 的增长，其中可以用千万元人民币进行投资的家庭数目更是高达 108 万户；有着亿元人民币的超高净值家庭数比上年增加 3000 户，现已达到 13 万户，实现了 2.4% 的增长，其中拥有亿元人民币的家庭数有 7.7 万户；有 3000 万美元的国际超高净值家庭比上年增加 2100 户，现达到 8.6 万户，实现了 2.5% 的增长，其中可以用 3000 万美元进行投资的家庭数更是高达 5.4

万户。

从这份报告不难看出，目前我国有着很好的富裕家庭和高净值家庭基础，财富管理市场广阔，只是大多数人民群众还没有具体的财富管理意识。如果国民的财富管理的意识实现进一步提高，那么很大程度上可以为财富管理提高一个良好的成长环境，进而促进财富管理机构的发展。

四、H 证券公司数字化转型困境

1. 客户分级方式单一

首先，H 证券公司在为客户提供服务时需要登记基本信息，以及通过线上平台进行统计，专业人员在核实客户信息时会进一步根据其可投资资产规模进行分级。其次，公司在对不同级别的客户提供标准化服务的同时，会运用数字技术实现智能设计独特的投资计划。只有在满足客户基本需求的前提下进一步提升用户体验，H 证券公司在与其他优秀的证券公司竞争相同的财富管理业务时才能获得竞争优势。

H 证券公司在登记客户信息时会有投资规模区间的选择，根据这样的方式判断客户可投资规模，进而进行客户分级，简便易行。此外，H 证券公司针对各个等级的客户提供相对应的服务，标准明确的情况下所提供的服务会有区分度。但是这种分级方式只是根据数字划分，并未将客户的风险偏好、家庭情况等因素考虑在内。在保证其他条件相同的情况下，客户是否会因为孩子上小学而对投资决策产生影响，这都是不可预测的。

只有 H 证券公司实现相对详细准确的客户分级，才能更准确地分析客户需求，从而提升产品体验。

2. 产品创新性不足

H 证券公司的金融产品存在同质化的问题，尽管客户分级后提供对应的服务是公司的初衷，但实际情况却没有做到差异化的产品服务。当前 H 证券公司推出的产品组合基本上只是一些证券产品的简单搭配，产品雷同且样式老旧，没有新意。与其他证券公司相比，H 证券公司的产品所面临的风险与预期收益大都类似，因此这些金融产品对客户的吸引力不够，从而达成的成交量也受到影响。另外，由于我国理财产品市场更加注重预期收益，长期以来的刚性兑付导致公司对于产品的创新有所延滞。客户在这样的情况下会受到证券公司理念的影响，会更加关注产品的预期收益，从而选择忽视产品所面临的风险。产品是在满足客户需求的同时赢得受众更多的关注，而 H 证券公司当前的产品自主研发能力不足，为实现公司长久发展，应丰富产品类型。

3. 人才培养体系不完善

人才的竞争永远是一家公司走向成功的密钥，而证券行业更是如此，需要拥有雄厚的资金和大量的人才。H 证券公司在财富管理转型的过程中既需要精通业务的人才，也需要懂技术的人才。一家证券公司只有拥有足够多优秀的人才储备，才能研发出满足各种客户需求的产品，从而取得更大的竞争优势。随着广大群众财富管理意识的提升，对证券公司产品业务开始有着更高的要求。因此金融产品的创新需要技术人才的支持，对证券公司的人才培养体系提出了更高的要求，同时需要从市场引进人才。目前创新型业务人才供不应求，尽管 H 证券公司意识到需要借助数字技术实现业务转型，但由于人才供应不足导致转型进度迟缓。

（1）培训人才费用投入不足。投资顾问业务能力的加强有利于提升服务客户的质量。尽管 H 证券公司渴望人才，长期以来对培养员工能力比较关注，实际上却因经费不足往往采取线上培训，通过购买一些知名专家的培训课程实现网络培训。这样的培养形式成本低，但培训效果差强人意。公司应邀请一些行业高管线下传授经验，以及加强员工实践操作，加大培养员工的费用支持。

（2）培训模式脱离实际。H 证券公司在给员工培训时往往采取两种形式：一是高校教师培训。高校教师有着扎实的理论功底和丰富的教学经验，在给员工培训时会根据员工的反馈来改进教学方式，但由于教师大多没有证券事务的实际操作经验，甚至有的教师只是在照本宣科，其培训最终只是流于形式，员工并没有真正提高业务能力。二是借鉴国际金融机构培训方案。由于我国证券行业起步较晚，在许多方面都是学习国外的先进经验。国外证券行业培训员工的模式已经相对成熟，会结合企业特色来设计课程内容。而我国证券行业在进行员工培训时往往会采用国外的培训体系，这些课程基本上是标准化的课程设计，一定程度上符合发展规律。但并没有考虑自身的实际情况，同时不加选择地盲目引进国外培训课程并不能很好地提升员工的业务能力，使公司员工只能被动地接受一些知识，不能很好地将所学知识与业务处理很好地联系起来，导致最终的培训效果不是很好。因此，公司应选取合适的培训形式，在保证科学的培训内容的前提下尽量贴近实际工作。

（3）培训成果检验方式单一。众所周知，H 证券公司注重员工能力成长，并定期进行员工培训，但忽略了员工培训效果的检验。一是 H 证券公司不够重视评估员工培训，一般只是由其上级主管对其培训效果做一个简单的评价，或者通过笔试和面试的形式来判断效果好坏。二是评估的角度不够多元，员工业务能力的提升光靠笔试是很难验证的，最直观的就是客户评价员工工作，这也是最具说服力的评估方式，H证券公司应该将客户的评价纳入培训效果的考核标准。三是公司对员工培训效果不够重视。培训结果只是员工培训之后的一个结束形式，因为培训结果对员工升职加薪没有直接的关系，所以员工不太在乎评价结果的好坏。因此，公司应重视员工培训的结果，并增加结果的使用，可以尝试与工资激励相联系，增加员工提升业务能力的积极性。

（4）培训内容忽略员工需求。公司培养员工就是为公司开展业务来提升员工相关工作能力，但公司忽略了一点，不是公司需要什么样的员工就培养员工什么样的能力。员工培训是双向的，不是公司对员工单方面的培训，还是员工通过培训来促进公司发展。在培训过程中关注员工需求，参考员工培训意见，在培养公司要求具备的工作能力外应联系员工实际情况促进自身发展，这样可以最大限度激发员工学习的积极性。只有如此，员工才有可能对公司产生依赖，而不是只把公司当作工作地点，从而可以调动员工参与公司业务的参与度，在留住人才的基础上才有可能用好人才。而绝大多数公司都没有做到这一点，只是为培训而培训。因此，公司在开展大量培训的同时应联系员工自身的发展需要。

五、H证券公司数字化转型策略

1. 科学细分客户层级

H证券公司在客户细分时不能只是根据客户可投资资产和业务交易量进行划分，还应借鉴国外经验充分考虑客户个性化的特征。在基本完成客户分级后，H证券公司对于不同等级的客户应提供差异化的服务。这并不意味着公司对客户差别对待，而是不同等级的客户所需的服务不尽相同，如果采用相同的服务，则会影响其他客户的服务体验。H证券公司目前客户分级的依据主要是客户的可投资规模，并划分为三个层级：30万元以下；30万~1000万元；1000万元以上。这种客户细分的方式有些单一，但可操作性强。H证券公司应在当前基础上结合客户个性化特征，比如婚姻状况、客户职业等，完善客户分级方式，进而提升用户体验。

客户细分之后，提供相对应的金融产品及服务就显得至关重要。对于投资额较低的一般用户，H证券公司应利用大数据整合资源，进行用户画像，深层次分析这一群体的产品需求，进而设计普适化的财富管理计划，从而满足用户的一般需求。此外，H 证券公司应努力提升研发团队的产品设计能力，加强业务人员的专业能力。而对投资规模较大的高净值客户和机构客户来说，私人定制的财富管理计划是重要的，这也要求公司投资顾问个性化的产品设计能力，比如提供子女教育产品和高端医疗产品。随着金融市场对外开放的程度不断扩大，H 证券公司应更加重视海外市场，把财富管理业务拓展到世界各地中去。尽管这是一个漫长的过程，公司应不断整合资源，收购科技公司或增加营业网点，完善客户分级依据，持续强化产品研发能力，依靠专业服务征服更多用户。

2. 强化产品研发能力

（1）坚持自主研发，丰富产品类型。H 证券公司可以与其他金融机构合作，通过代销它们的金融产品来增加本身产品的丰富度，但归根结底应加强产品的创新能力，只有建立一个丰富的产品池才能为客户提供全面的产品服务，从而能够满足客户的各种需求，在市场竞争中获得优势。在这方面证券公司可以向商业银行学习经验，建立完整的产品线供客户选择，而不是让客户局限在某一类产品上。

（2）构建更广泛的产品研究体系。H 证券公司作为证券行业的"领头羊"，虽然公司的研发团队对当前行业的基本业务类型都有所涉及，但存在部分领域不够精通的情况，导致有时不能很好地满足用户需求。因此 H 证券公司应随着公司的发展逐步加强产品研究，构建更加广泛的产品体系。

（3）适时更新代销机制。证券公司除了销售自主研发的理财产品外，大多数情况是代销行业优秀公司的产品。通常证券公司在进行代销产品类型决策时，往往会选择关系相近或者代销佣金较高的公司。至于选择哪种产品进行代销，证券公司可能并没有深入思考，只是由于个人偏好就做出了决定，并没有重视产品本身。但是代销产品的结构、风险及底层资产质量等因素都可能会对业务收入产生影响，财富管理更是一个具有长效性的业务，需要一定的周期才能产生作用，而不是一手交钱一手交货。面对这种情况，H 证券公司不能随波逐流，而是应考虑公司的长远发展，根据公司特性选择代销合适的产品，通过专业人员评估产品，真正筛选优质产品。

（4）强化风险防控，完善售后环节。财富管理与传统的金融产品销售不同，更加强调以客户需求为中心。因此金融产品售后更是不可缺少的一个重要环节，完善产品售后服务对提升客户满意度有着重要的作用，这就要求公司应与客户多交流，做好业务售后工作。

财富管理是公司根据客户需求进行业务办理，并不是传统的金融产品销售。因此，加强金融产品售后服务不仅是公司的业务环节，更是守护客户财富的最后一班岗。因此 H 证券公司在上线任何一种理财产品前，总会系统评估产品的投资风险与收益。一旦理财产品在过程中风险发生变化，公司都应提前与客户交流，必要时下架相关产品，减少投资损失。

3. 加强员工培训

（1）投资顾问培训。投资顾问是证券公司服务客户的最直接接触者，与客户的关系最为密切，是整个公司开展财富管理业务最主要的执行人员，因此公司应严格要求投资顾问，通过业务培训持续提高其工作能力。通常公司培养一名投资顾问，往往需要四五个月的时间，一方面是进行公司文化方面的培训，另一方面是培训员工的相关金融知识，为他们通过相关资格考试做准备。培训前期主要是传授理论知识和帮助员工考取证书，在投资顾问通过考试后，除学习产品的相关理论知识外，还会学习销售技巧等内容。学习是一方面，掌握实践经验对投资顾问来说更加重要。在实习过程中投资顾问需将理论知识加以运用，熟悉公司制度的同时提升业务能力。

（2）打通员工晋升渠道。随着互联网技术的不断发展，年轻人已经养成了网上消费甚至投资的习惯。因此公司财富管理业务的数字化转型就显得十分必要，同时也需要熟悉网络营销的员工进行线上运营及产品销售。公司需要从投资顾问中选取一部分对营销有兴趣的员工，同时引进网络营销方面的人才，共同开展业务培训。与投资顾问的培训有所不同，这种培训模式主要是选取优秀的员工竞争网销经理的岗位。在培训过程中，除培养员工网络营销的相关理论知识外，还会设置一些实践任务。培训教师和高层管理者会根据员工表现进行打分，以及通过笔试检验员工培训效果，表现优异的员工可晋升为网销经理，承担公司产品线上运营的工作。

（3）数字人才培训。移动互联的广泛使用使众多公司越来越需要数字人才，依靠他们进行线上运营。目前微信公众号和微博是年轻群体获取信息的主要渠道，两种方式都可以通过线上运营吸引潜在的客户群体，但微信公众号更受千禧一代的青睐。而 H 证券公司明显没有利用好这一途径，当前公司公众号运营时间不长，且推送的内容大多数是公司日常活动，枯燥无趣的内容无法吸引用户。一方面，H 证券公司应吸收懂得运营微信公众号和有文本创作能力的相关人才，实现平台的正常运营；另一方面，公司应明确公众号定位，是专业投资还是介绍理财产品，或者是推送公司日常活动。在明确定位后，不要轻易更改主题。此外H证券公司应努力提高文章的阅读量，扩大微信公众号的受众群体。

（4）专业人才的联合培养机制。海外投资近年来受到国内许多高净值人群的欢迎，使跨境财富管理人才供不应求，而我国财富管理行业缺乏这样的人才。H证券公司最新推出财富管理人才的联合培养机制，主要是针对公司的优秀员工。公司初步设想是首先在国内培训两年，采取高管一带一的方式、参与公司重大业务管理，之后再在美国 Asset Mark 公司培训两年，主要是学习国外金融机构的先进经验。按预期设想，这部分员工将会成为优秀的跨境财富管理人才，有着丰富的财富管理业务经验。

这次联合培养也是 H 证券公司的一次尝试，随着海外市场的进一步开放，未来 H 证券公司势必会开拓海外市场。跨境财富管理人才的培养，一方面是为了提升用户的理财体验，为公司管理培养储备力量；另一方面也是为之后全球市场的开拓培养先锋力量。除此之外，H 证券公司应完善公司的管理制度，构建合理的薪酬制度和升级员工的培养机制，真正做到吸引人才、用好人才、留住人才，充分发挥员工的主动性。

第十一章　G证券公司数字化转型

数字化转型是近年来证券行业寻求高质量发展的改革之路，在资本市场快速发展和持续创新的过程中，中国金融改革不断深化，证券公司为顺应行业变革趋势，紧跟时代发展步伐，满足新时代用户的多样化需求，朝着提高数据治理水平的目标不断努力。可如何将数字技术与行业转型有效结合起来仍然是一个难题，只能不断探索并加以研究。

第一节　G证券公司简介

G证券公司于1999年通过公司合并组建设立，是目前国内规模最大的证券公司之一，主要是为企业机构客户提供股债发行承销、公司治理结构与战略发展咨询、股权激励计划设计、企业改制重组、战略投资、资产证券化、收购兼并（含境外并购）、上市公司市值管理等全方位的投行服务。

目前，G证券公司已发展成为下辖金融控股有限公司、资产管理有限公司、期货有限公司、创新投资有限公司、证裕投资有限公司及置业有限公司六家子公司的企业集团。

G证券公司作为国内顶尖的综合金融服务商，其业务经营范围主要分为四大板块：个人金融（包括证券及期货经纪、融资融券、财富管理、财务规划等服务）、投资管理（包括为机构、个人提供资产管理和基金管理服务，以及另类投资业务）、机构金融（包括投资银行业务和机构投资者服务业务），以及国际业务。

G 证券公司的宗旨是"金融服务创造价值",同时秉承着诚信、责任、亲和、专业、创新的核心价值观,致力于成为扎根本土、面向全球有着重要影响力的综合金融服务商。公司在 20 多年的发展历程中不忘初心,始终坚持以客户为中心,秉承客户业务至上的核心理念,用专业服务赢得客户认可和为客户创造价值,深耕产业,打造一流的综合性投资银行服务、致力于成为陪伴企业成长的长期专业伙伴。

第二节　G 证券公司数字化转型现状

在数字化转型成为行业趋势下,G 证券公司作为一家高度重视金融科技的证券机构,正着力于通过数字化手段打破业务行业壁垒,融合行业内外的相关业务场景,优化客户的全新产品和服务体验,打造以用户需求为导向的业务模式。G 证券公司基于"了解你的客户"(Know Your Customer,KYC)、"了解你的产品"(Know Your Product,KYP)的数据标签,提出"三个三年三步走"的战略设想,努力通过精准的客户洞察力为客户提供更具个性的产品与服务,致力于以买方投顾服务、基金折扣专区、智能化工具、专业甄选金融产品等新技术手段为广大投资群体提供高质量理财服务。

从 G 证券公司的战略发展规划《全面数字化转型规划方案》和《财富管理业务分规划》不难看出,公司高度重视数字化转型和财富管理的变革路径。为创造公司高质量发展的竞争优势,G 证券公司试图将传统的零售经验、业务模式经验转化为数字化转型、财富管理的关键动力,力求打造公司高质量发展"新引擎"。在未来公司将会一如既往,着力从数字化转型和财富管理两方面入手,全面推动改革创新,向愿景目标不断迈进坚实步伐,谋求公司利益的同时实现更高质量的发展。

G 证券公司由于长期将数字化作为公司战略,在信息技术占比和应用领域长期处于行业前列,围绕"增长、效率、体验、安全"四大维度,启动了全面数字化转型,提出打造"SMART 投行"的发展愿景。未来,公司将秉持"人人数字化、处处数字化"理念,加快推进数字化财富管理转型、打造下一代证券核心交易系统、拓展开放证券生态等重大项目的启动实施,推动实现全集团、全领域、全方位系统性的转型变革。

在财富管理转型方面，G证券公司作为经纪业务的领先者、行业创新的领跑者、高效机制的先行者，聚焦"客户、产品、队伍、渠道"四大要素，财富管理转型全面发力。未来，公司将推动构建数字化客群经营体系、财富管理全价值链业务体系、分支机构协同发展体系、应对跨业竞争的人才体系等"四大体系"，打造共建共治共享的财富管理生态，全面推进财富管理转型高质量发展。

一、前瞻规划，力争上游

G证券公司很早就开始进行业务模式的升级，并制定相关策略加以落实，借助数字技术提升工作效率。具体构思是，将公司的信息先用数据加以代替，同时大力研发新型产品，在优化公司经营模式的同时将那些阻碍转化为可以量化和优化的模型及数字问题，然后通过创新业务模式、完善运营流程，进而提升客户的体验感。之后G证券公司进一步落实细节，坚持技术驱动业务发展，持续创新强大公司建设。在公司年度规划中加入科技规划，将超前规划与改革路径相协同，融入业务发展中，朝着科技引领业务发展的目标迈进。在这一转型过程中，科技的地位不断攀升、应用水平不断提高。

G证券公司把数字化转型放到新的战略高度，并始终坚持自主研发的总体策略，积极探索金融科技的深入融合，在其领域获得了许多创新成果。例如，G证券公司的数据中心，在行业内标准较高且容量较大。2020年12月31日，G证券公司申报的三个项目在第七届证券期货科学技术比赛全部获奖，并由此成为连续七届获奖的证券公司。G证券公司还是一家热衷于科技创新的公司，在其团队的努力协作下，承担政府多项技术试点工作，并参与相关部门制定行业运行准则，荣获多项奖项，得到了众多知名单位的认可。公司在大力提升自主研发产品的同时，还缩短了业务办理的时间，简化了公司业务运转流程。

二、把握时代机遇，用好科技

证券公司要想实现长久发展，数字化转型必然是不可避免的环节，而这一过程需要循序渐进，如果可以充分将科技与实践相结合，就可以实现转型的"弯道超车"。在公司战略规划中，数字化转型主要分为以下三个阶段实施：

第一阶段是数字化转换。就是将公司以纸质形式存在的信息或者说是线下信息进行处理，使其以数据形式存在进行转化，从而实现电子化。G证券公司早在

2014 年就意识到技术变革对行业的冲击，深刻认识到数据的潜在价值，通过汇集整个集团各个层面的数据，包括子公司、母公司的数据和能搜集到的外部数据，实现行业数据与各产业链数据对接，聚焦客户、产品、交易等多个维度来统一数据标准。同时公司准备打通共享数据资源与服务渠道，实现数据在各个渠道中的一致性，进一步优化公司业务流程。不断提升大数据平台能力，持续推进公司数据平台基础建设，G 证券公司实现了对开源技术的自主掌控。在这一阶段，G 证券公司通过努力基本实现了数字化的短期目标，具备了全面数字化转型的统一数据基础业务一体化、客户全景化、管理指标化，利用数字技术设计出用户资产状况图，这样的形式显得直观，用户可以更清楚地了解自身状态。G 证券公司依靠其自主研发产品的能力，在 2015 年推出了一款智能的全业务、一站式君弘App，并添加了人脸识别开户、数据解盘、语音智能服务等应用技术的智能化产品及服务，加速了公司的财富管理转型。

第二阶段是数字化升级。之前将公司所有的信息数字化，而这一阶段就是进一步优化公司运营模式，通过数字技术实现资源整合，减轻公司员工工作负担；同时运用数字技术描述客户画像，准确定位目标客户特征，从而提供专业化的服务。数字化升级是为了把员工从海量数据中解救出来，实现数据与公司业务协同发展，G 证券公司应努力利用数字技术加强产品创新，探索多方面的应用，实现智能化服务。经过长时间的努力，G 证券公司通过自主研发，取得了很多显著的成果，比如君弘灵犀，这是公司推出的智能客服，可以根据用户特点智能更换聊天场景，并开始逐步替代人力服务，不仅可以为用户提供更专业的服务，还可以有效节省人工成本；G 证券公司还是证券行业部署全国性 VTM 智能柜员机的首家企业，通过改善业务流程线上线下相结合不仅减少了营业网点的产能压力，而且大幅度提升了业务办理的效率；G 证券公司还借助 AI 技术和大数据的科技应用，持续推动数据驱动的运营模式建设，成功构建出新型智能运营指标体系，实现产品信息智能推荐；G 证券公司还利用人工智能技术，在科学评估投资风险的基础上搭建风险管理平台，做到了事前、事中防控并做到实时评估，显著增强了公司的动态风控能力；此外 G 证券公司与其他大平台通力合作，共同搭建了新型数字平台，为公司日常运转和远程办公提供了技术支持。

第三阶段是数字化转型。这一阶段与前两个阶段还有所区别，对内需要做到企业文化和运营模式相衔接，为公司未来发展打好地基，并从原先的以产品、牌照业务为中心到现在的以用户为中心，实现公司发展理念的转变；对外则是借鉴先进金融机构的业务模式，结合公司特色加以完善自身薄弱环节，从而提升公司整体的业务能力。数字化转型是一个极其庞大烦琐的过程，需要公司持之以恒并通过专业人才充分利用数字技术，进行数字赋能业务模式的创新，最终实现公司高质量创新发展。N 基金公司对此还提出了许多重要战略，比如公司以数据驱动的智能决策、打造信息共享的数字职场等。实践证明，只有坚定科技的核心地位和作用，让科技引领业务生态化建设，打造证券行业的创新发展外循环。

G 证券公司长期以来对数字化的重视使公司早已树立数字优先的理念，管理者热衷于通过数字化转型来完善公司的运营环节及创新产品，在这样的背景下为数字化转型减少了员工认知阻碍，为转型顺利开展创造了前提。

三、树立开放理念，营造良好生态

G 证券公司在积极探索转型路径的过程中，遇到了许多难以言明的困难，逐渐意识到传统的业务模式无法为公司创造持续的业务，是因为随着时代的进步，人力资源的营销模式无法提供持久的发展动力，需要加以创新实现模式升级。近几年资源共享、数字经济等许多新概念的出现，为行业发展带来了新的活力源泉。于是 G 证券公司根据市场变化在年度发展规划中提出开放证券的新理念，期望融合行业内外的不同业务场景，实现技术能力互补和数据价值共享，真正创造出符合市场的新型数字生态平台。

此后 G 证券公司实行了一系列有关开放证券的计划，公司各部门在开展日常活动的同时通力合作，在金融云平台的基础上，通过多种途径与其他商业伙伴进行线上服务的合作，希望在观点交流碰撞的过程中能有所创新。目前 G 证券公司利用数字技术推出了线上智能交易等一系列新型服务，希望加强线上交易的质量。G 证券公司于 2020 年 12 月成功举办首届金融科技大会，同时邀请华为、上证所信息网络有限公司、建设银行等多家优秀企业参会，在会上 G 证券公司正式提出"开放证券"的理念，并展览其最新研发成果。G 证券公司的大胆创新吸引了行业各大券商的目光，也为其他公司发展提供了范例。

G 证券公司自组建以来，一直都很重视科技创新和产学研合作，主动拓宽一流技术获取渠道和丰富相关来源，积极参与热点行业话题讨论和跨行业前瞻课题研究，充实联合创新实验室技术人才并努力孵化新产品。G 证券公司在推进转型的进程中，通过自主研发取得了一些成果，主要包括：G 证券公司通过与华为等优秀互联网公司开展合作，组建研究所，借助先进的科学技术创新产品，为用户投资提供智能化解决方案；与一些银行业务部门进行合作，联合提供更加专业的数字服务，拓宽销售渠道；与业内其他金融机构开展业务方面的合作，推进业务链各个环节的完善，共同营造健康的营商环境，为客户提供专业友好的服务；利用区块链等技术，在搭建生态财富管理平台的同时，提升公司的整体运转效率。

第三节　G证券公司数字化转型举措（策略）

一、大力推行互联网金融

G证券公司主张用数字技术来优化公司业务模式和提升用户体验，大力发展互联网证券产品及服务，着力通过线上和线下完善产品供应体系。当前G证券公司以线上运营服务为主，希望借助全面的金融服务平台为用户提供更加标准、更为高效的服务体验。G证券公司将客户满意放在工作第一位，增强客户产品体验满意感、培养客户品牌忠诚度，因此持续改革业务模式和创新公司产品。G证券公司除了君弘App这一优质产品外，还打造出一款知名度很高的综合理财产品"加薪宝"，为客户购买公司理财产品提供更多优质选择。今后G证券公司将致力于做出更多更好的金融产品，大力推行互联网金融产品，丰富完善证券产品体系。

二、科技金融赋能

G证券公司在持续推进财富管理数字化转型的过程中，基于公司现有的技术，改革智能理财服务体系创新，强化金融科技的应用深度，从而提升员工的专业化服务能力。此外，G证券公司还致力于打造行业领先的财富管理运营平台，通过对接公司产品服务管理及评价系统使公司现有的平台和前后端单位、整体资源配置、线上交易、股市咨询、总分营等功能设置更加健全高效。G证券公司技术团队研发构思智能产品策略，加强对公司前端投顾的专业支持，完善公司提供客户分析、设计产品配置方案、客户自助式下单、售后跟踪服务、合规风控管理、业务绩效考核等财富管理业务的全流程模式，从而实现智能化服务。

三、强化技术驱动，夯实数据基础

G 证券公司高度重视数字技术的应用，秉持科技驱动发展的理念，为打造"数字化 G 证券公司"一如既往地全力付出，在近三年信息技术投入更是高达 10 亿元以上，始终稳居行业第一。G 证券公司在长期投入下推出了许多高质量产品及服务，比如，伴随场景不断变化的"君弘灵犀"智能投顾服务；公司自主研发的"君享投"跟踪服务的基金投顾服务是通过严格把控基金的风险与增益，个性化匹配选取基金，全程管理专家调仓；STS（Smart Trading System）智能交易服务，将智能交易、定制服务、融资融券、投资研究等功能融会贯通。

在推进数字化治理工作时，G 证券公司根据"有数、用数、治数"的策略来优化以及转型升级公司业务模式。在"有数"方面，保证公司所有相关信息都数据化，构建财富管理数据的网络体系，在"有数"的基础上加强数据准确和前后一致，并不断实时更新；在"用数"方面，更加细化数据应用方面，在客户画像（KYC）、产品画像（KYP）、员工画像（KYE）及渠道画像（KYB）等方面加强针对性，围绕用户需求和基于 3A3R 数字化运营指标体系，系统条理地运用数据；在"治数"方面，提升数据治理水平需要制定行业财富管理业务数据标准，构建业务数据健康评估指标体系，搭建财富管理驾驶舱从而规范数据治理。

四、塑造客户新体验，打造全新业务模式

1. 以智能化工具提高服务效率

基于大多数用户都是感性投资，G 证券公司君弘 App 中有"智盈投"这一止盈型定投服务，就是在传统定投的基础上尽量帮助客户避免投资中出现恐慌和贪婪的情况，严控最大回撤时间和波动率。止盈是通过平台混合型和指数型基金设置数值从而实现控制投资，遵守投资规律；定投专区汇集投教知识、定投心愿计划、灵犀定投策略、定投计算器、定投排行榜等多方面的服务，并实时提供大数据定投排行帮助客户理清理财产品分配规划，有利于客户平滑投资成本，合理控制盈利目标，从而引导投资者长期投资。

智能选基则是另一种提高服务效率的智能化工具，通过人工智能、大数据等技术实现场景式展示投资产品，不仅降低了投资者对基金的理解难度，而且更便利地为投资者提供选取基金方案推荐。同时，系统会基于 KYC、KYP 等数据标

签，结合客户标签、产品浏览时长与搜索场景、风险偏好等方面实现更精准的客户洞察，把准投资者的脉搏，提供更合适的产品与服务。

2. 以买方投顾服务提升客户获得感

G证券公司"君享投"从全新视角出发，在覆盖客户全生命周期的基础上为其财富提供全面规划，为买方投顾提供一系列综合金融服务方案，并用专业服务守护客户人生财富。"君享投"是G证券公司全新规划，以专业的人才团队和丰富的行业基金定制组合经验，层层筛选优质基金，推出"建议型"和"管理型"两个包含超25个基金产品的组合策略。策略丰富程度位列行业第一。"君享投私享财富"主要是为高端客户提供私人财富管理，目前户均3000万元，以"私享池"、五大私享配置组合和"1+N"团队服务为服务特色，所提供的服务形式也是多种多样，包括买方投顾、家族信托、全球标配、高管金融、创新融资、增值权益，财务规划等私享活动。这样的专享服务不仅赢得了客户的满足感，同时也展现了公司的产品及其优质服务。

3. 以甄选金融产品为投资者保驾护航

G证券公司"甄选100"是目前最新的甄选服务，坚持"最好的管理人、最好的基金经理、最好的产品"的本质要求，通过系统、独特、专业的方法全面评估管理人、基金经理和产品，紧接着使用公司"1G4R"筛选出符合用户需求、具有优秀业绩、层次丰富的合适产品。简单地说，"1G4R甄选评估体系"里的1G就是管理人治理水平（Governance），4R是投研能力（Research）、业绩评价（Research）、风险管理（Risk）、声誉口碑（Reputation），评价一个产品是好是坏，评估标准是多方面的。G证券公司旗下的专业研究人员成立相关研究所为"甄选100"提供数据支持和专业分析，目前君弘App已开设"甄选100"服务专区，以用户视角刻画产品场景，并配上相关标签形象，在提供服务的同时加深客户印象，从而实现客户全周期的财富管理。

4. 以基金折扣专区提升客户理财体验

人们生活水平的不断提高使得居民的可投资规模不断扩大，间接促进了基金行业的迅速发展，据官方数据显示，基金行业规模已超过23万亿元。互联网的冲击使得基金行业也广泛结合信息技术，G证券公司顺应形势主动求变，在君弘App上用基金折扣专区接档之前的"818理财节"，希望借此吸引新青年消费群体进行投资。App通过主推C类基金，旨在让千禧一代共享数字化投资的红利，培养其理财观念以及提供独特的互联网投资服务。折扣专区主要是为"90后"

"00 后"的年青一代客户提供服务，在为其提供新颖且高性价比的理财服务的同时，增加客户消费黏性。另外，通过丰富的投资教学知识、理财工具的使用以及多元投资策略等系统讲解来为客户提供投资教学的专业服务和满足客户的多样化需求。

经过长达 20 年的发展，G 证券公司意识到单纯以销售为主的卖方服务已不可取，要转为客户服务的买方市场，不忘为客户提供专业财富管理服务的初心，步入财富管理数字化转型新阶段。

此外，基金折扣专区所推出的是 C 类份额，而不是 A 类份额，这是因为 A 类份额属于前端收费，在购买产品时需付申购费，而 C 类份额在购买时无须付费，只是会根据客户持有产品时间长短按年化费率收取服务费，无显性付费的表现形式受到青少年的推崇及争相购买。

这次 G 证券公司和银行、券商主推 A 类份额的传统不同，而是推出线上折扣专区，希望吸引更多 Z 时代群体的注意，帮助这部分人群能以更低廉的成本买到心仪的理财产品，提升客户的体验感和满意度。折扣专区投放出近 2000 只 C 类基金，不仅让年轻群体赚到钱，更重要的是培育新的客户群体，理财观念的树立让他们渐渐敢于迈出投资理财的脚步，认准基金投资找 G 证券公司，推动改善"基金赚钱、基民不赚钱"的现状。公司提供的投资教学、产品策略、社区论坛、运营工具等多元化的服务，在勾起客户好奇心的同时通过止盈型定投与服务场景转换进一步培育客户心智，构建起流动性组合投资服务，为投资者提供"高性价比"的消费体验，持续推动公司财富管理业务的转型。

五、优化开放协作

G 证券公司基于"开放证券"的理念正在加强业务场景的融会贯通，共享数据信息资源、互补技术能力，构建以客户需求为导向的财富管理生态圈，实现更深层次的数字化。公司通过充分发挥全体员工的禀赋优势，将企业内生态业务链市场化、构建数字生态共同体，借此寻找具有自身特色的价值网络。

G 证券公司同时加强与优秀科技公司、头部金融机构等权威机构的协作运营，丰富产品供给类型、依托公司特色开放有序地扩大金融服务渠道、优化用户服务模式。以金融产品销售为例，首批科创 50ETF 市场发售首日，G 证券公司即创下单日累计委托金额逾 55 亿元的佳绩。

六、打造领先的合规风控体系

G 证券公司对投资风险还十分重视，将合规风控融入企业文化，不仅规范公司日常运营和员工服务行为，而且员工的文化认同感为客户安全投资提供保障。一直以来，整个行业都是诚信经营、合规操作，而 G 证券公司在此基础上进一步提出做好风险管理，实现长久发展，越来越多的员工认识到主动地"我要合规"才能更好地营造健康的投资环境，而不是被动地"要我合规"。

G 证券公司在此基础上大力整改公司风气、修订出一大批合规风控的规章制度用以规范约束员工的行为，比如员工业务风险评估。另外公司为进一步提升员工风险意识，定期组织相关培训，确保员工合规操作，减少相关违规事件的发生。通过数字技术对这一流程进行改造，逐步健全公司的风险防控体系。

G 证券公司还实现了杜绝风险管控空白点，业务开展到哪些新领域，风险管控就在哪实现，真正平衡了业务创新与风险防控的均衡发展；公司还积极开展各类特色团建活动，完善公司文化培训模式，在大力宣传"合规是底线、诚信是业务、专业是特色、稳健是保证"经营理念的同时加以贯彻落实，从而增进员工文化认同和文化自信。

2020 年，面对复杂多变的市场环境，G 证券公司牢牢守住风险底线，并未发生重大风险事件，在证券公司分类评价中，实现连续 13 年获得 A 类 AA 评级。

七、提升文化创新力

G 证券公司在人才队伍建设方面通过定期培训和不定时公司团建加强公司凝聚力，培育员工专业技能的同时深化公司文化。只有高度重视公司员工，完善相关人才管理制度，才能不断完善公司文化，保持文化活力。

1. 向改革要动力

G 证券公司正处于转型的关键时刻，理顺公司经营模式，完善组织职能，通过技术驱动业务发展显得尤为重要。就像新旧动能转换一样，G 证券公司在转型过程中需要找到新的发展动力，继续迈出新步伐。

2. 向管理要效率

信息技术的深度挖掘可以为 G 证券公司提高效能，比如员工动态管理机制，可以及时了解员工的来源、去向及任职安排；人力资源管理动态追踪机制的作用也是如此，可以提高公司人事效率，从而以更加科学的规划实现公司"控总量、优结构、提能力"的目标。

3. 向人才要活力

人才培养能不断适应更新换代的市场环境，G证券公司通过完善人才培养方案，大力引进优秀人才，给公司改革带来新思路、新方法。加强管理人才轮岗调换也是一种公司内部交流经验的方式，对于一些重要岗位的人事任命，可以通过内部选拔与外部引进相结合充实公司人才储备，从而为公司发展培养后备力量。

4. 向创新要发展

G证券公司在早期就开始采用人才发展的股权激励计划，为的就是吸引足够优秀的人才。长效的人才激励约束机制能使公司上下一心，激励员工砥砺前行，为实现公司远大目标而攻坚克难，为公司改革创新而坚定信心。

八、细分客户策略

除无差别的一般金融服务外，证券公司投资顾问需根据用户的资产规模、个性特点、职业状况、投资需求、财富管理规划等多方面充分了解到客户现有的投资情况以及理财需求后，才能为客户提供高效专业的服务，从而赢得客户的支持。G证券公司目前的"君弘"系统基本实现了这一功能，在满足丰富的理财产品基础上，搭建起公司与客户的交流网络，从而可以做到根据客户所处的阶段状况分析规划近期内最适合客户的投资产品配置，实现对客户进行定制服务。但也存在弊端，系统模糊了公司与客户对接产品的界限，并未做到真正意义上的财富管理。因此G证券公司需要在现有的基础上进一步细化客户，实现更具体的理财方案。在基于公司统一的客户划分标准下，投资顾问需要结合自身的投资实践经验考虑客户性格、产品的营利性及其可持续性等因素调整客户的产品配置，做更为实际的划分。另外，团体投资需要结合其特殊性特别对待，帮助客户进行最优投资组合。

G证券公司为缓解公司人员的压力，致力于计算机、通信、网络等信息技术与客户细分工作的结合。其中，数据层以公司的数据资料为基础，通过专业人才进行分析，从而达成长久的合作，经过网罗形形色色的用户分析其投资特点形成客户评估的适用，使公司更有针对性地服务客户；量化评估体系则是对用户数据进行的一次直观评价，G证券公司通过这样的方式能够更直观地判断客户投资情况，从而在与客户建立联系并交流的过程中能够对产品选择有所侧重；决策管理层主要是根据前两个阶段所收集的客户信息对客户进行全面的了解，按照客户要求进行产品研发与市场投放，这一阶段需要选取那些客户真正关心在乎的理财产品；客户管理层则是最大限度地整合客户与其选择产品的匹配信息，然后与公司其他部门交流配合工作，在保证客户信息安全的前提下尽可能地扩大业务链。

九、完善产品策略

1. 开展产品创新

目前行业市场上的产品同质化问题并未得到真正缓解，而G证券公司如何在这样的竞争环境下脱颖而出，是现阶段公司要着力改善的关键，需要积极创新产品服务。首先，公司的业务经理应根据公司市场人员做的调研分析，判断目标群体以及这部分群体所需要的产品特点；其次，研发部门应据此不断完善产品，丰富产品类型层次，使爱好不同的客户能够选择到真正适合自己的产品。一方面可以改善公司服务，增强用户的消费惯性，另一方面可以促进公司销售模式的转变。公司不断创新金融产品，就是为了持续满足客户需求，另外公司对于产品的创新改革要遵循公司文化特色，保证金融产品的丰富度以及可操作性，同时在给客户推荐产品时要考虑客户风险偏好、经济实力，以及投资预期收益等因素。

2. 完善资管业务环节

G证券公司当前收入的很大一部分来自资金管理业务，因此公司需要对资管业务加以重视。由于G证券公司之前已经看到资管业务的回报，投入了大量的人力、物力。但对G证券公司来说，如何进一步提升财富管理的发展规模显得尤为重要。这就必须要劲往一处使，整合公司资源，联合多方力量借助数字技术共同打造符合用户定位的业务平台，提高资金管理业务的占比。

3. 强化金融产品创设和获取能力

目前众多证券公司都是为客户的财富做管理规划，在产品营销之前，把握客户脉搏，真正设计出专业产品才是公司投资全程陪伴的开端。强化相关能力不仅有利于完善公司业务链，还能为客户创造更多的价值。归根结底证券公司是靠提供给客户的产品赢得支持，而与行业类似且无创新的产品越来越无法吸引客户购买，因此对G证券公司来说，加强产品设计研发能力，获取更多的市场份额刻不容缓。

G证券公司一方面要强化资产管理业务更新力度，另一方面要加快与其他金融机构的合作进程，共同研发新一代理财产品，丰富金融产品内容体系。私人银行与证券公司有很大不同，其具有完整的产品生产研发线，因而在财富管理方面拥有更加明显的优势。对此 G 证券公司应结合公司文化，为客户提供多层次的理财产品。产品的风险与收益如何协调一直以来都是行业难题，好在现在绝大多数证券公司都有自己的研究所，并在债券、基金、行业公司、金融过程、宏观策略等重要领域配备研究团队。在财富管理业务方面，公司需要将其研究范围扩大到包含信托、保险、私募、公募、银行等领域，希望能为客户提供完备的优质资产配置方案。此外，G 证券公司还需关注国外相关产品，根据研究需求对不同类别的理财产品进行分析研究，科学判断产品的投资收益比及其风险等级，从而扩大公司的理财产品丰富度，为引进外国金融产品提供相关帮助指导。

十、整合资源，加强合作

1. 优化资源配置

公司资源在某种意义上来说是稳定不变的，可各部门由于职能各不相同，经常会出现资源竞争拉扯，使得管理者做决策规划的时候不可避免会考虑这一点，这就意味着公司管理者要想劲往一处使，就必须最大限度地整合资源，以公司的总体布局战略为基础，根据当前公司所面临的市场情况动态调整资源分配，一方面及时更新公司工作细节安排适应市场变化，另一方面更有效地捕捉到客户对产品的关注点，从而提升公司的核心竞争力。加强公司的资源调整，需要减少甚至避免部门争抢资源的现象，这就要求公司加强文化培训，提高员工的企业文化认同感，同时调整内部组织制度，消除各部门的壁垒，协调内部管理运作。对于 G 证券公司而言，目前还做不到传统商业银行对客户资源的把控，要想改变现状，公司必须加强各部门间的统筹合作，改变部门林立、彼此孤立的状况，从而改变公司现有不重视细节的经营模式，形成资源的高效循环利用。面对竞争越来越激烈的市场环境以及客户越来越成熟的投资技能，公司应意识到只有把产品研发、投资理财、销售等环节做到一体化，整合资源，才能增强公司的整体对外竞争能力。

2. 加强与金融机构的合作

客户资源永远是证券行业的重中之重，当前 G 证券公司还局限在维护现有客户开展财富管理业务，而忽略了对新客户的开发运营。经济的迅速发展使人们的财富管理意识不断提升，如何开发我国这部分增加的高净值人群，是 G 证券公司以及其他证券公司在今后一段时期的发展重点，而如何获得更多的高净值客户信息是难点。由于我国金融行业证券公司分业经营的现状，合作而不是恶意竞争，对于双方长久发展都有着很大的益处。加强与保险公司、银行等金融机构的合作，实现资源共享，能够更有效地分析用户需求，从而提供更加专业的服务，实现共赢。

3. 加强与非金融机构的合作

G证券公司不仅需要与金融机构密切合作，还需要加强与其他非金融机构的合作。扩大财富管理业务的受众来源，实现各渠道全方位合作一定程度助力G证券公司的转型之路。例如G证券公司加强与证券财经网站、社交媒体的交流合作，一方面可以了解到客户最新的投资动向，另一方面可以提升公司在业内的知名度与影响力。

十一、实施人才策略

证券行业一直以来重业务不重产品的现象得不到明显改善，而产品创新是持久保持消费群体的秘诀，产品研发更新需要具备多种专业知识的高精尖技术人才的参与。由于财富管理是一种智力密集型服务，公司开展业务的关键在于员工需要具备专业的业务能力以及大量技术人才的供应，G证券公司将科学理论与实践相结合，研究构建"财富管理师认证体系"，主要思路是公司研究设计出一套评价标准，对员工进行全方位的考核评估，并参考管理者意见多层次共同开展的人才培养方案。但由于G证券公司业务模式方面起步较晚，人才队伍较为薄弱，还需要公司加大人才引进力度，吸引更多优秀的金融科技人才从事相关业务。为改变公司现状，应从以下几个角度完善人才策略：

1. 提升证券公司前台营业员的业务技能

目前许多证券公司的业务人员只承担推销产品的任务，却对公司产品一知半解，更是只会开通账户、更改密码、更改佣金等较为简单的基础操作，对于客户的一些理财产品问题解答的能力还比较薄弱。客户通过前台的业务表现可能决定是否选择该公司的产品，所以证券公司的员工最好是熟悉公司自身的产品知识，具备一定的营销技能，能有效捕捉到客户的理财需求，在不能解决客户的疑惑时，及时寻找熟悉相关业务的投资顾问进行沟通交流。前台营业员的素养代表着公司的门面，也是客户对该公司的第一印象。如果员工可以以专业的服务把公司产品传递到客户手里，客户在满足自身理财需求的同时也会对公司产生好感，从而实现长期合作。

2. 采取新型员工管理方案

在数字化转型的行业趋势下，公司需要有更多技术人才的加入，财富管理中心的设置同样需要相关人才的组建，为更好地进行人事管理，公司应该合理规划人员的薪酬设计及绩效考核，完善其人力资源相关规定。从事财富管理业务的员工与其他岗位有所不同，不仅需要了解公司各种类型的产品知识，还需要拓宽知识面并加强人际交流能力的训练。只有从业人员有很好的文化素养，在与客户交流的过程中才能做到面面俱到，提供更专业的服务，才会受到公司更高的薪资优待。

（1）完善绩效考核机制。

在保证员工积极性的情况下需要完善公司的绩效考核制度，对企业来说，只有在让员工充分发挥才能的同时给予其公平的待遇，人事管理制度才能说是真正的有效。原先员工工资是根据其对公司贡献的多少来决定的，秉承了多劳多得、少劳少得的劳动分配理念，但忽略了客户满意度等其他重要因素，不利于最大限度地激发员工积极性。G证券公司根据原有的绩效考核原则，考虑客户持续投资的意愿及其满意度，结合公司发展策略调整员工业务绩效指标。动态变化的绩效考核机制不局限于某一时刻的公司形势，有利于让全体员工享受到公司发展的成果，从而为公司创造出更大的效益。

（2）完善人资管理制度。

G证券公司经纪业务转型主要是针对财富管理业务，完善财富管理业务从业人员的人资管理制度就显得刻不容缓。当前公司应在现有模式的基础上进一步提升员工工作的积极性，重视员工的能力培养，建立多层次的员工培训机制，使相关人员能熟练掌握业务介绍技能以及丰富的产品理论知识。富有层次的培训计划可以逐渐培养财富管理业务员工的营销技能，不断了解新产品信息，紧跟公司步伐。

（3）人才引进与培养共举。

G证券公司需要既懂业务又懂技术的人才，而这样的人才十分稀缺。面对这样的突出问题，公司可以从以下两方面出发：一是充分挖掘公司优秀员工，为其量身打造迅速提升财富管理能力的培训计划，通过高校教师培训以及实操等环节补短板；二是大力开展人才引进活动，吸纳金融同行以及技术人才，包括互联网行业、银行、基金、保险等公司，整合行业内外的人才资源。人才引进由于公司的薪酬没有那么高的激励性，存在很大的难度，因此公司可以尝试从内部挖掘更多的人才，由于这部分群体在日常工作的过程中会受到公司文化熏陶，会更认同公司文化，同时对公司的经营模式以及运作流程比较熟悉。从中选取优秀人才并进行培训，可以使其具备更高的专业技能，实现财富业务管理师业务水平的提升。

十二、加强公司风险管理机制建设

投资理财在资本市场不可避免地会谈及风险管控，而证券公司在进行财富管理业务时也会不可避免地遭遇投资风险。因而在客户投资前期，公司就需要普及相关风险知识，避免因无法合理避免投资风险而造成客户对公司的不信任。归根结底，投资风险是用户在公司业务人员的指导下进行投资，在投资过程中由于受多种因素的影响没有产生预期的回报。对于投资风险的管控一方面要合理规避风险过高的理财计划，另一方面是与客户沟通相关注意事项，以防投资失败影响双方关系，降低对公司产品的认可度。

G证券公司应对流程管理和风控机制两方面加以强化：

1. 流程管理的优化

G证券公司致力于为用户提供全程投资守护服务，而改革财富管理就是对公司业务流程的重新梳理更新。在这一过程中，需要关注公司的组织架构、人事管理、员工管理、客户管理等环节，甚至做出调整改革。考察公司的各个工作环节，优化公司的运营管理，保证公司这台大机器有条不紊地运行，在动态变化中寻找新的平衡点，从而能在激烈的市场竞争中存活下来。

2. 风控机制的优化

在投资过程中，高效的风险防控系统可以有效避免许多因为疏忽而不必要出现的风险，而且有助于改善公司内部混乱的状态，更有助于优化企业日常运作的流程。而要做到优化风控机制，需要运用新的技术手段重新梳理公司的整个业务流程，防止某些公司安全细节的遗漏缺失。

第十二章　N基金公司数字化转型

随着大数据、人工智能、云计算等技术浪潮的兴起，"金融+科技"已成为金融行业出奇制胜的法宝，数字化转型成为行业变革的指引方向。金融科技的融合发展，使基金业也在进行全方位的更新换代。

第一节　N基金公司简介

经中国证监会批准，N基金公司于1998年3月6日正式成立，并因此成为我国最早进行基金管理的优秀公司之一。N基金公司的总部设在深圳，不仅在香港和深圳设立子公司——资产管理有限公司（香港子公司）和资本管理有限公司（深圳子公司），更是在北京、上海、成都、深圳、合肥、南京六地设立子公司，主要从事股权私募投资业务。其中作为境内基金公司的资产管理有限公司更是获批成立的第一家境外分支机构，代表了N基金公司有着较高的行业地位。

N基金公司是一家致力于成为值得客户托付的全球一流资产管理集团，公司长期以来秉承"为客户持续创造价值"的初心使命，坚持以产品创新为驱动、以价值创造为核心、以客户需求为导向的企业工作理念，扛过了多次中国证券市场牛熊交替的冲击。N基金公司以其专业尽责的客户服务、稳步攀升的投资业绩，赢得了基金投资者、社保理事会及广大客户的支持与信任。

截至2021年9月30日，N基金公司资产管理规模合计高达16802亿元，其中母公司规模占比位居行业前列，规模为15452亿元。基金按是否公募分为两类，N基金公司公募基金的规模高达9996亿元，公司客户数量更是超过1.6亿人，向客户分红累计超过1452亿元，其中公募基金合计259只，包含股票型、债券型、混合型、货币型、FOF型、QDII型等多种类型；而非公募基金规模稍弱于公募基金，但在行业竞争中保持优势。经过多年的发展壮大，N基金公司已成为多领域齐头并进，基金产品类型丰富、业务层次丰富、资产管理规模庞大、行业优秀的基金管理公司。N基金公司作为国内优秀的金融机构，经营范围主要涵盖四大业务模式板块：主打基金（现金宝+，基金产品）、尊享理财（专户理财、司南定制）、养老金业务及机构理财。

N基金公司在20多年的发展中，始终坚持"客户、诚信、共享、奋进"的核心发展观，秉持"长期投资、责任投资、价值投资"的投资理念和"合规为先，行稳致远"的合规理念，致力于为人才创造梦想的舞台，用专业服务赢得客户支持，为全球一流资产管理集团的愿景目标一如既往地努力奋斗。资产管理机构的本质就是"受人之托，代客理财"，为投资者提供专业服务是N基金公司长期的发展追求。只有服务好客户，呵护每一位投资者的理财梦想，才是N基金公司真正的成功。N基金公司坚持以客户需求为中心，通过专业的业务能力来实现客户的美好梦想，同心共筑行业美好明天。

第二节　N基金公司数字化转型状况调查

一、问卷发放及回收情况

本次调研将N基金公司员工及部分用户作为问卷调查的对象，面向N基金公司的营业机构的员工及用户，涉及面相对较广，具有代表性。本次调查旨在探讨N基金公司数字化转型情况并探讨未来转型路径。

本次调查共发放问卷100份，问卷主要分为两部分，一部分是收集用户基本信息，另一部分是针对数字化转型设置题目分析转型过程中遇到的困难。收回86份问卷，问卷回收率为86%。其中有8份问卷信息缺失或被调查者不认真作答，去掉这8份问卷，共计获得有效问卷78份，问卷有效回收率为78%。N基金公司数字化转型问卷调查如表12-1所示。

表 12-1　N 基金公司数字化转型问卷调查

调查维度	序号	问题
基本信息采集	1	您的性别是
	2	您的年龄是
	3	您的学历是
	4	您目前从事的职业是
	5	您的月平均收入（税后）是
	6	除了必要的开支，您的年余额占全年收入的
	7	您现有的资产规模（人民币）是
N 基金公司数字化转型情况调查	8	您自我感觉对 N 基金公司数字化转型的了解程度如何
	9	您认为 N 基金公司的数据治理方向集中在哪些方面
	10	您认为 N 基金公司的数字化转型的战略侧重点
	11	您认为 N 基金公司的目前数字化平台建设所处阶段为
	12	您认为 N 基金公司对产品体系建设关注点
	13	您认为 N 基金公司的线上投顾服务形式有哪些
	14	您对 N 基金公司的产品体验有什么感受
	15	您认为 N 基金公司在当前阶段数字化转型的投入成本是否与预期产出及效果相匹配
	16	您认为 N 基金公司的人才培养体系是否健全
	17	您认为 N 基金公司的数据安全是否有保障
	18	您认为目前 N 基金公司在数字化转型中存在哪些问题
	19	您认为应采取哪些措施促进 N 基金公司的数字化转型
	20	您对目前 N 基金公司的数字化转型有哪些意见或建议

二、调查结果统计情况

1. 调研对象的基本信息统计

（1）调研对象的性别统计。从图 12-1 的统计数据可知，本次共对 78 位 N 基金公司员工及用户进行调研，其中有 42 位男性，36 位女性。

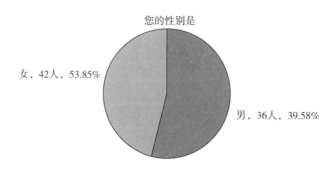

图 12-1　调研对象的性别统计

（2）调研对象的年龄统计。由图12-2可知，本次调研对象在20~30岁的群体占样本的23%，在31~40岁的群体占比为29%，在41~50岁的群体占比为40%，50岁以上的群体占比仅为8%，参与本次调查的对象集中在31~50岁，正好也是工作的黄金年龄，需要更好地进行财富管理。

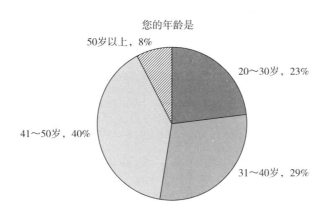

图12-2 调研对象的年龄统计

（3）调研对象的学历统计。由图12-3可知，调研对象主要集中在大学本科、专科学历，分别占样本的41%、27%。可以分析得出，我国财富管理群体的受教育程度越来越高，间接反映了N基金公司的员工也有着较高的教育程度。

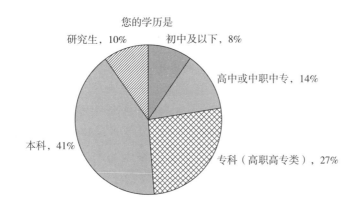

图12-3 调研对象的学历统计

（4）调研对象的职业统计。由图 12-4 可知，本次调研范围较广，除对 N 基金公司投资顾问进行调研外，还对许多职业都进行调查。调查对象中有 30% 的 N 基金公司员工，从而方便了解 N 基金公司的数字化转型状况，有 27% 的私企职工、15% 的公务员、10% 的教师等其他行业的从业者，其中办理业务的群体还是以企业上班族为主。

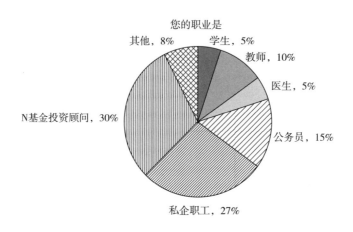

图 12-4　调研对象的职业统计

2. N 基金公司数字化转型的状况调研

（1）对 N 基金公司目前数字化平台建设所处阶段的调研。由图 12-5 可知，15.4% 的调研对象认为 N 基金公司的数字化平台初步上线，23.1% 的对象认为 N 基金公司的数字化平台建设逐步实施，33.3% 的对象认为 N 基金公司的数字化平台建设处于全面优化的阶段，23.1% 的对象认为 N 基金公司的数字化平台建设正处于成熟应用的阶段，5.1% 的对象认为 N 基金公司的数字化平台建设正处于尚未涉足的阶段。

（2）对 N 基金公司产品体系建设关注点的调研。由图 12-6 可知，38% 的调研对象认为 N 基金公司对产品体系建设的关注点在产品建设，36% 的调研对象认为 N 基金公司的关注点在产品适当，21% 的对象认为 N 基金公司对产品体系建设的关注点在产品评价，还有 5% 的对象认为 N 基金公司对产品体系建设的关注点在其他方面。

（人）

N基金公司目前数字化平台建设所处阶段

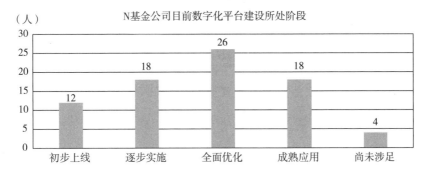

图 12-5　对 N 基金公司目前数字化平台建设所处阶段的调研

您认为N基金公司对产品体系建设关注点的调查

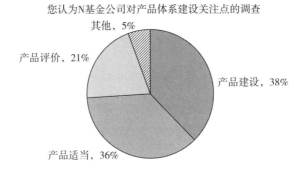

图 12-6　对 N 基金公司产品体系建设关注点的调研

（3）对 N 基金公司产品体验的调研。由图 12-7 可知，24%的调研对象非常满意 N 基金公司的产品体验，41%的对象比较满意 N 基金公司的产品体验，28%的调研对象对 N 基金公司的产品体验感觉一般，7%的对象不满意 N 基金公司的产品体验。

您对N基金公司的产品体验感觉如何

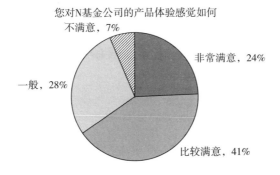

图 12-7　对 N 基金公司产品体验的调研

（4）对投入成本与预期产出相匹配的调研。由图 12-8 可知，27% 的调研对象认为 N 基金公司在当前阶段数字化转型的投入成本与预期结果及产出非常匹配，45% 的对象表示其投入成本与预期结果基本匹配，18% 的调研对象无法判断投入成本与预期结果的匹配，10% 的对象认为 N 基金公司的数字化转型投入成本与预期产出及结果不匹配，可能是有些对象没有真正体验 N 基金公司的产品或者是其他原因。

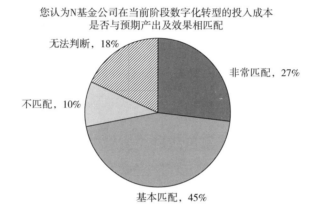

图 12-8　对投入成本与预期产出相匹配的调研

（5）N 基金公司的数字化转型促进措施的调研。通过调查 N 基金公司的数字化转型促进措施发现，94.9% 的对象支持提升数字水平，建立数据治理体系；92.3% 的对象表示要加强产品创新，丰富基金产品体系；97.4% 的对象表示要提升基金投顾服务，完善线上服务形式；93.6% 的对象表示要提升用户体验；94.9% 的对象表示要大力支持数字化转型，增加科技投入；97.4% 的对象认为要培养专业的金融科技人才；96.2% 的对象表示可以构建风险防控体系；87.2% 的对象认为还可以从其他方面促进 N 基金公司数字化转型（见表 12-2）。

表 12-2　N 基金公司的数字化转型促进措施的调研

选项	人数（人）	占比（%）
建立数据治理体系	74	94.9
加强产品创新	72	92.3
提升基金投顾服务	76	97.4

续表

选项	人数（人）	占比（%）
提升用户体验	73	93.6
增加科技投入	74	94.9
培养专业的金融科技人才	76	97.4
构建风险防控体系	75	96.2
其他	68	87.2
总计	78	—

第三节　N 基金公司数字化转型现状

　　问卷调研显示，尽管 N 基金公司已开始数字化转型，但在许多方面仍没有真正地展开。随着数字时代的到来，科技浪潮在各行各业的不断兴起，给金融行业带来机遇的同时伴随着挑战，大数据技术的广泛应用加速了行业数字化转型的进程。金融行业在推动公司转型时，不断将业务数据化，持续扩大数字技术应用的范围与深度。N 基金公司根据改革战略持续加大在 IT 技术方面的投入，并致力于把公司发展过程中的客户信息与业务模式转变以数据形式沉淀下来。

一、大力打造数据平台

　　金融行业是一个业务密集型行业，基金业务更是由于横向划分过细且外购服务系统过于臃肿烦琐，难以进行数据整合，从而影响了公司本身数据价值的发挥。为改善这一状况，N 基金公司在 2016 年成立相关研究团队，通过数据平台、数据治理和数据应用三方面构建公司的大数据中心。基于先进数字技术，构建全方位、一体化的数据平台，打通部门壁垒，实现数据畅通；提高数据治理水平，加强业务能力；丰富数据应用，多层次规划管理数据资产。

　　建设数据平台需要注意以下几点：一是数据整合，由于同一类数据处于公司各个环节，部门间的疏离使数据整合存在较大难度。要是多系统共享使用的重要业务数据，就需要打通各个数据环节进行集中整合，从而确保该类数据流通的准确性与完整性。二是分层数据处理，对于庞杂繁多的数据还不能有效利用，需要分层处理促使数据结构清晰，有序流转。三是对外提供数据的服务化，数据处理之后需要挖掘数据价值，上层应用通过数据服务 API 从而获得所需数据，然后通过搭建数据服务平台把数据转化为一种服务能力，使业务开展得更加便利。

在建设数据平台的过程中，还需要通过数据治理来进一步提升数据质量。由于金融行业的相对开放，各类服务机构有着频繁的数据交互，数据之间联系错综复杂，外部数据的来源范围广以及数据质量的参差不齐使这些数据问题难以解决。而全面数据治理是从数据源头做起，对整个数据生态体系特别是对每一个数据产生者进行动态监控，把质量管理责任落到实处。N 基金公司据此建立了系统有效的数据治理框架，对数据的来源渠道进行区分从而运用相应的数据治理方法。在技术上，通过应用数字技术构建全链路数据质量核查体系，保证数据质量的稳定性；在管理上，出台切实可行的管理举措，规范数据使用方式，明确数据的责任负责人，统一数据连接渠道，建立公开化的数据发布传导机制。N 基金公司通过运用技术和管理两种手段，进而提升公司数据治理水平。

在建设数据平台和提升数据质量两个环节之后，N 基金公司开始进行三个维度的数据应用探索：首先是数据可视化，公司将数据应用在一些日常运作、辅助决策和经营分析的环节上，如大屏应用、管理驾驶舱、BI 报表等内容；其次是数据服务化，通过积淀数据技术方面的内容，下沉以数据为基础的共性能力，在实现数据服务与前端业务功能的结合创新，真正将数据服务运用到其他应用系统，提供主题化数据推送以及数据 API 服务；最后是数据智能化，这一阶段是要充分挖掘数据的价值，真正利用数据来反哺公司业务，赋能业务，提升员工业务系统增量，如智能风控、智能营销、智能投研、客户运营等内容。

总而言之，N 基金公司的大数据中心作为数据整合与分析利用的基础平台，正在为公司转型化发展提供越来越大的助力，在此基础上孵化出越来越多的应用系统。N 基金公司通过大数据中心这一基础建设发掘出数据更大的价值，为各类产品智能化创新活动的开展创造了发展前提，大大加快了公司的数字化转型进程。

二、围绕碳中和目标践行责任，创新基金产品

经济迅速发展的同时也带来环境污染等生态问题，新能源行业由于技术进步、政策护航、需求爆发等因素应运而生，成为国内最大的投资风口。随着新能源的发展及越来越多人的关注，相关主题的基金项目大量涌入，聚焦相关热点的

基金公司没有选择被动等待，而是"小步快跑"地积极布局，创造发展优势的同时加速推出相关基金产品。N基金公司作为国内最早创立的资产管理公司之一，始终坚守"以客户需求为导向，以价值创造为核心，以产品创新为引擎"的经营理念，坚持做好客户体验，专注核心产品研究能力，打造卓越产业品牌，在这场行业发展盛宴中创造发展优势，践行企业责任。

Wind数据显示，截至9月3日，N基金公司新能源产业趋势、新能源ETF的首募规模分别为25.13亿元、20.39亿元，在业内首募规模前十的新能源主题基金中排名第三、第五。值得一提的是，这也是市场上唯一一家在前五名中占据两席的基金公司，在一定程度上体现了投资者对该公司的认可。

近年来，在国家大力倡导"碳达峰"和"碳中和"理念下，进一步推出了ESG（环境、社会、公司治理）理念。这一理念成为衡量公司的重要指标，意思是说公司不能盲目追求公司业绩，也需要兼顾环境和社会效益。巴菲特曾说，投资看重的不仅仅是管理者的素质，还要关心企业是不是有社会责任，与这一理念不谋而合。市场分析报告显示，ESG在一定程度上可以降低投资风险，帮助投资者找到综合实力更为雄厚的公司，还可以呼吁企业创造社会价值。随着我国金融行业愈发重视ESG这一发展理念，各大公司更加注重绿色发展以及经济的可持续发展。N基金公司知晓这一理念后就迅速做出了反应，并在2018年加入了联合国责任投资原则组织（UN PRI），结合公司发展规划率先构建ESG管理组织架构和设计出ESG评价指标体系以及相关投资系统，积极实施股东策略，试图探索投资项目与实体经济的协调发展。

在公司自身的碳排放管理上，提出了许多富有成效的解决办法，比如通过采购并注销碳抵消指标的方式全额抵消了自身碳排放，有效实施运营碳排放管理和实行节能减排的举措，从而成为国内首家实现碳中和目标的资产管理公司。另外，N基金公司还通过产品研发、理财知识等方面为客户分享碳中和行业成长红利，从而实现自己的投资梦想。N基金公司作为资本市场重要的投资理财机构，还打造了新能源产业趋势混合基金、ESG主题股票基金、新能源ETF及联接基金等许多绿色生态产品。

政府大力推行"碳达峰"和"碳中和"的发展战略，在促进产业结构、能源结构、消费结构等经济、社会环节的重大变革外，还推动金融行业践行低碳发展的理念。N基金公司响应政府号召，将坚定围绕"碳达峰"和"碳中和"的双重目标，持续开展金融产品的研发与实践，在立足资产管理行业本源的前提下打造更多绿色生态产业，为客户提供更专业、更高效的金融服务。

三、深度解码基金投顾

N 基金公司在分析自身业务发展模式时，注意观察海外市场的金融发展过程，借鉴经验的同时多维度剖析我国基金投顾的发展范例以及科学判断基金投顾业务的市场发展潜力以及未来走向。N 基金公司有着专业的投资经理团队，整体经手资金规模超过 100 亿元，团队成员来自 N 基金公司 FOF 投资部，且均是基金经理出身，不但拥有 CFA、基金从业等多项专业资格，而且有着十年以上的基金研究经历和宏观投资策略分析经验。

N 基金公司是我国首批基金投顾试点金融机构之一，在由《证券时报》评选的"2020 中国金融科技先锋榜榜单"中，因其独特的发展优势以及专业的投顾服务，成功入选中国智能投顾（理财）先锋榜。2019 年 N 基金公司开创行业先例，推出基金投顾服务。并且在 2020 年的投顾服务中超过 99% 的持仓客户盈利，客户复投金额占比超 77%，公司的客户留存率也超过 80%，切实保障了投资者的投资利益。

N 基金公司在 2019 年 10 月 25 日收到证监会下发的同意开展基金投顾业务的函，并于 10 月 31 日正式开盘实操投顾组合业务。在一年的试点运作中，N 基金公司独立推出"司南投顾"的品牌，并且与商业伙伴共同推广投顾服务。

现阶段 N 基金公司投顾业务主要是选取覆盖市场中优秀的公募基金，若未来放开政策，则需要考虑纳入其他金融产品。当前公司许多相关业务采取开放式合作，一是 B2C，与基金销售机构合作，外输投顾服务；二是 B2B2C，与投顾机构合作，外输策略模式或投顾账户管理服务。N 基金公司投顾服务"投"与"顾"协调发展，致力于为客户提供最合适的资产配置解决方案，并注重投资全过程的服务包括投前 KYC（对账户持有人的强化审查）、投中动态审查、投后陪伴服务。

N 基金公司通过管理、系统、投研、运营四个维度提升投顾业务的水平，进一步完善自身运营模式。在管理层面，N 基金公司目前在投顾业务的研究团队共有 61 名研究员，主要负责基金项目研究、投资产品组合配置、投顾策略选择分析、客户服务及业务推广等一系列环节。在系统层面，N 基金公司通过团队协作，自主研发出基金投顾账户管理系统、基金投顾投资管理系统和基金投顾风险管理系统三大系统。在投研层面，公司安排联席首席投资官管理运营，同时建立投决会进行相关业务决策，搭建投研平台、丰富基金研究与实践经验，进一步加大产品研发力度和提升投资业绩。在运营层面，N 基金公司着重于从三方面入手：一是全方位陪伴客户生命周期，包括调仓说明、月报季报、异动点评等；二是多媒体覆盖，包括图文、短视频、直播等多种途径；三是结合当下热点进行事件营销以及适时开展福利发放活动，提升用户黏性，密切与客户之间的联系。

支付宝通过引入包括 N 基金公司在内的许多首批基金投顾业务试点机构，并联合这些基金公司推出了"投顾管家"在线服务，希望方便广大基民开展基金投顾服务。支付宝所推出的这一服务，就是为了改善甚至解决基金赚钱基民不赚钱的尴尬局面，投顾管家是指辅助投资者或推出一些投资方法改善投资体验，从全市场基金中选取优质基金，运用方法进行资产配置与动态调仓，减少甚至避免追涨杀跌的现象，从而尽可能捕捉超额收益。N 基金公司的投顾服务目前已正式在支付宝上线，且"投顾管家"这一功能开始向部分投资者逐步开放。

目前国内基金公司的投顾业务大多采取在线服务的形式，主要是将相关投顾策略技巧输出到相关机构以一种寓教于乐的方式开展业务。例如，公募基金，与其他银行券商和服务平台相比，在投资能力方面优势比较突出，但在客户资源、销售团队、销售数据、用户数据和投顾服务经验等方面还比较薄弱。因此基金公司及其附属子公司通过 App 端展示自身智能在线投顾服务，并将投顾服务进一步拓展到外部合作机构的相关平台上，从而借助其他合作平台的销售平台提升用户量来改善原先公司渠道存在的不足。

N 基金公司推出的投顾服务是在考虑投资者的资产状况、投资目标以及风险偏好等因素的基础上为其量身打造投资产品组合，配置一对一的理财顾问会根据市场变化以及投资者需求对产品配置进行动态调整，期望获得最大的收益回报。基金投顾服务中理财顾问的收入不是来自传统的基金销售佣金，而是来自客户所支付的服务费。因此，只有真正帮助用户优质选基、搭配好产品配置、提升用户投资收益，公司基金投顾服务才能收获到更多、更优质的客户，从而提升用户黏性，让公司持久增加收入和利润。

N 基金公司投顾服务在支付宝上推出四个系列的投顾产品组合，这些组合是根据客户的典型特点、风险偏好及投资需求来为不同类型的客户服务。由于买方投顾在国内盛行还不是很久，N 基金公司作为首批试点机构，势必要继续提供专业的投资服务以及为投资者持久创造收益，勇于探索，不断创新，争做行业的先行者。

四、塑造客户新体验，打造尊享定制

N 基金公司除为大众提供标准化的服务外，还推出了针对高净值客户的专属理财服务。尊享理财主要是为每位高端客户打造个人专属服务，通过专业理财投资顾问一对一服务，根据客户个性化的投资需求和风险偏好，进而为其选择合适的产品搭配组合或专户产品。此外，还完善客户的交易形式，通过微信交易、N 基金公司 App 和网上交易等多种形式来满足客户多样化的需求。目前 N 基金公司为高端客户提供的尊享定制主要为两类：司南定制和专户理财。

1. 司南定制

司南定制是 N 基金公司为高端客户服务的一种定制模式，主要是根据客户个性化需求，通过大数据多维分析和专业投资团队进行全市场选基，结合多场景投资分析为客户定制独一无二且预期高效益的投资方案，配备专属理财顾问全周期陪伴帮助客户进行财富管理。另外，司南定制目前推出的司南投顾安鑫系列，主打稳健收益风，绝对收益投资，适合追求低风险，注重投资安全的客户（见图12-9）。

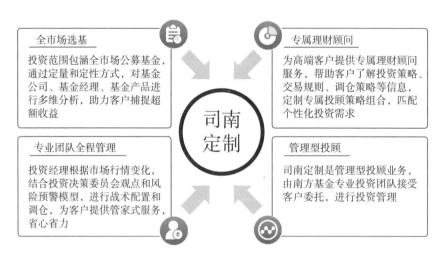

图 12-9　司南定制

2. 专户理财

专户理财同样也是针对高端客户，所提供的产品覆盖多种产品种类，由 N 基金公司母公司或子公司管理。首先，投资产品分为绝对收益型和相对收益型，选择哪种产品，理财顾问需根据客户偏好动态调整，不断改善纠正现有投资组合，直至满足客户要求；其次，对于投资风险的防控采取量化对冲策略，保证客户投资尽可能安全，满足高端客户多样化的理财需求。另外，专户理财支持全程线上操作，资金闭环流通，提升业务操作的便捷性与安全性（见图12-10）。

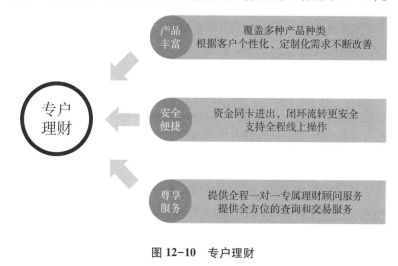

图 12-10　专户理财

第四节　N基金公司数字化转型面临的挑战

通过问卷调查发现，N基金公司在数字化转型的过程中主要存在科技投入不足、产品同质化问题严重、缺乏专业人才、风险防控体系不够完善等问题，这些方面对N基金公司之后的转型都会产生影响，因此需要分析转型过程中存在的问题并加以完善。

一、数字化转型科技投入不足

近年来，随着人工智能、大数据、云计算等技术的广泛应用，传统的金融服务方式难以为继，技术与金融服务的深度融合成为行业发展的趋势。同时伴随着金融服务产业的生态建设变化，技术日益成为金融行业的核心竞争力。N基金公司在大力引进技术人才、完善人才队伍的同时，除了在投研、营销等公司核心业务环节全面增加金融科技投入外，还会在公司年度计划中的营销环节、渠道销售增加投入占比。

"买科技，选我们"，这不仅是 N 基金公司彰显其投研能力的重要标志口号，也是广大用户对其科技投资的认可。可见在 N 基金公司长期的拼搏努力下，专业的服务已经赢得了投资者的认可。公司涌现出一大批优秀的"硬科技"基金经理以及许多深度了解金融科技的研究员，组建的科技投资团队在业内声名显著。

截至 2020 年 6 月 30 日，N 基金公司母子公司合并资产管理规模总计 12311 亿，累计服务客户超过 1.3 亿，在业内处于领先地位，拥有丰富的客户资源及成熟的客户服务经验。提升金融科技能力和应用水平成为 N 基金公司现阶段的重中之重，但与业内其他基金公司相比，N 基金公司的投入力度仍有不足。N 基金公司希望运用新兴技术推动公司全面数字化转型，就需要不断加大科技投入力度，例如人工智能、大数据等技术的深入拓展，这样不仅可以为客户提供更加个性化、智能化的服务，还可以帮助公司投顾实现长期能力的提升。

二、新产品设计难度加大，对员工能力提出更高要求

目前，N 基金公司已经组建起一支专业的权益投资团队，包括专户投资部、数量化投资部、宏观研究及资产配置部、权益投资部、指数投资部、国际业务部等多种方面。同时，N 基金公司注重培养员工素质，提升业务能力，现有公司员工半数以上都是本科学历，并保持一定比例的研究生，其中有近 70%的员工拥有 5 年以上的证券从业经验，还有一部分员工有着海外工作学习的经历，为公司的规范运营提供了不同的范例与理念参考。一个完整的团队总会有一个主心骨，N 基金公司也是如此，各团队在分工合作的同时实现了高度合作，将不同的部门、不同的团队凝聚到一起，是公司的投资理念及企业愿景。N 基金公司一直以来都把"长期投资、价值投资、责任投资"当作公司践行的投资理念，把"为客户创造价值"作为自己的初心使命，坚持以客户为中心，为客户谋求利益。

不同基金经理的服务特点是不一样的，但本质上都是为客户着想，希望能为客户创造长期价值。面对日益激烈的市场竞争，产品同质化的问题难以解决，要求公司设计更多优质的新产品，这就对研究人员提出更高的要求。完善技术人才的培养体系，为 N 基金公司成为一家值得客户托付的优秀资产管理公司而努力奋斗。

三、缺乏系统的风险控制体系

近年来，基金业数据安全问题层出不穷，可转债上市交易后的破发行为屡屡

发生。N 基金公司作为行业老牌公募劲旅，表示在投资债券时需要注意风险防控，还需要注意转债市场上的打新风险、赎回风险和正股波动风险，因此需要客户做一个理智的投资者。

对于转债市场出现的风险，N 基金公司分析得出投资者需要注意以下三种风险：一是打新风险。转债价格与转股价值以及转股溢价率息息相关，如果公司一开始设定的换股价值太低，正股上市前大跌、市场整体的转股溢价率下跌，都可能会引起转债打新出现亏损。因此转债打新时也需要分析挑选标的，不能盲目地从众，更要预判股票市场走势。

二是赎回风险。在转债过程中如果触发赎回条款，这时投资者只能尽快转股或卖出，否则会遭受巨大的损失。以登记日为准，按照约定赎回价格买回转债，如果转股价值越高，与约定赎回价格相差太大，承受的损失也会越多。投资者忘记转股或卖出已经变得常见，但这也需要引起重视。

三是正股波动风险。这种风险对转债影响也非常大，正股价格越接近转股价，两者之间联系就会越发紧密，正股下跌转债也会进行相应的调整。转债价格对正股价格产生的变动，有时候涨跌幅度很大。

在客户投资过程中，风险是不可避免的，只能尽量去规避。N 基金公司表示，国民经济高速发展的同时催化了我国债券市场的壮大，使得人们参与债券投资的需求上升。由于市场变动会经常出现债券违约的情况，为提高人们的风险防范意识，N 基金公司还举办了"防控债券风险、做理性投资人"的投资者权益保护专项教育主题活动，提高投资者的风险意识，帮助投资者了解债市特点和规律，从而树立正确的理财投资理念，做一个理性投资人。

第五节　N 基金公司未来数字化转型保障

一、搭建数据平台，加强数据建设

N 基金公司要想提高数据治理水平，还是要打好数据基础，在完善用户基本信息的同时需要搭建数据平台，以便公司可以及时准确地分析数据。在数据采集过程中，需要更加全面地统计客户信息，才能更深入地洞察客户需求。客户在前端可能会拥有许多不同的产品体验，同时客户的业务办理及行为数据对于分析需求有着重要的作用，存在的用户数据是弥足珍贵的，可如何完整地采集数据是一个难题。只有在各种渠道做到全面、准确地采集，才能为公司产品决策提供更多的依据。这样不仅可以了解客户在不同平台的产品偏好，而且可以有针对性地满足用户需求，从而避免用户标签的片面性。保证数据采集的全面性之后，还要保证数据的储存和方便查阅。而在数据可视化方面则可以借鉴业内业务看板的先进经验，参考成功模式构建自己专有的呈现形式，在设置产品的针对性分析指标的同时，可以全方位改善用户体验，实现公司业务模式的升级，不断强化数据平台的业务处理能力。

从平台搭建来看，数据平台是客户关系管理（Customer Relationship Management，CRM）系统的重要环节，在整个流程中起着举足轻重的作用。该系统由数据平台、数据治理和数据应用三部分构成，数据平台涵盖众多用户的数据，CRM系统通过在数据应用环节统一客户分类标准，形成分级规范，更精确地满足不同类型客户不同阶段的需求，通过精准画像来不断提高公司业务的专业服务水平，实现一站式服务营销。N 基金公司凭借数据平台，对公司各个运营环节及第三方平台的数据进行整合，以及使用大数据技术，深层次挖掘客户的数据价值，构建立体、精准的客户画像，不断完善客户的信息资料；同时根据客户需求进行适当化管理，基于市场变动构建产品适销模型，动态评估分析促进公司营销决策，从而实现数据驱动业务发展的新模式。

从数据建设来看，N 基金公司应积极开展数据智能化应用以及挖掘数据价值实现创新研究。基于人工智能算法和大数据，剖析客户产品偏好，从而实现靶向营销，开展智能投顾、智能投资等一系列创新应用。在数据管理方面，N 基金公司可以基于数据平台进一步细致化，使客户可以通过 App、客户端、网上交易等端口实时查询信息，尤其是客户持仓盈亏查询要放到页面显眼的位置。此外，还要做到数据可视化发布，实现报表中心全面升级。在数据深层次挖掘方面，N 基金公司应积极组织专业人才进行分析，多层次剖析用户产品偏好，避免产品同质化，勾勒客户形象的同时实现产品画像，从而实现精准营销减少客户流失，提升客户黏性，还可以利用数据技术构建债券违约模型、实现信用评级和反洗钱管理等多种应用。在数据标准、质量及数据应用方面，N 基金公司可以在数据分析的过程中统一分级分类标准，针对公司高层管理者构建驾驶舱、实现智能绩效考核、动态调整成本利润、多维度分析财务管理、营销一体化管理，以及反洗钱系统动态监测。在渠道对接方面，N 基金公司可以将传统公募基金销售、代销渠道与互联网对接，实现客户引流，通过经营互联网渠道的客户管理，满足上亿规模客户、每日上百亿元交易额的交易规模计算，并提供在线交易流水查询。

二、加大创新力度

创新是任何行业想要持久发展都必须坚持的要义，对于基金行业也是如此，基金蓬勃发展的 23 年，同样也是持续创新的 23 年。坚持持久创新既是行业头部机构扩大领先优势的法宝，也是保持公司活力的源泉。可以说基金的迭代更新，不仅满足了投资者多样化的投资需求，也进一步促进了与实体经济的协调发展。

基金公司在向现代财富管理机构数字化转型的过程中，产品创新是其改革的重要环节。基金公司则细分市场和投资策略，寻找更多基金产品类别，设计出满足客户需求的多层次、多元化的产品配置组合，实现不同投资者共同的投资梦想。公司既可以为普通投资者提供风险低、收益稳定的基金产品，又可以为高端客户提供高风险高回报的投资组合。

基金公司想要做到产品创新赢得更多的客户支持，老牌基金公司由于发展较早，在业务上存在先发优势，但在业务创新方面新老基金公司处于同一起跑线上，除市场上已有的业务模式外，新公司可以寻找新业务作为突破口，比如基金中基金和养老服务基金项目等创新业务。新成立的基金公司可以选择行业内有代表性的几家券商进行合作，通过布局券结模式的基金，逐步发现并树立自身的独特优势，而不是选择单打独斗。而已经拥有成熟业务模式的基金公司，则更应该完善自身的管理制度，通过技术驱动业务创新，积极探索高新技术与产品的融合发展，主动作为，持续开展产品研发与实践活动。

三、提升价值创造，科技助力投顾发展

基金公司近年来蓬勃发展，就是因为其能不断提升客户价值创造能力特别是权益投资能力，这是基金公司想要长久发展的核心能力。近几年权益基金的快速发展显著改善了投资者的盈利体验，使权益投研能力在基金公司发展中占据越来越重要的地位。目前，市场上发展迅猛的大多数基金公司都是专注于权益投研方面，N 基金公司尽管在此之前就有所积累，但需进一步稳固优势，在持续提升权益投资能力的同时持续强化投研人才队伍建设。

目前，中国的投顾市场仍处于起步阶段，还有相当一部分群体只通过银行存

款来进行财富管理，广大用户并没有资产配置或者投资理财的概念，可以说投顾认知仍需加强，甚至需要进一步的市场宣传普及以及推广。基金投顾业务试点在逐渐放开的过程中，还需要明确落实试点退出机制，鼓励金融机构在风险可控的范围内积极开展业务，进而为客户提供更加高效的专业服务。

N基金公司在"顾"的方面仍有很大的改善空间，比如怎样帮助投资者对财富管理的心理认知，强化长期投资回报，学习家庭资产配置理念，打造长期战略投资。除了这些，N基金公司的业务规范、基础设施还有待改善，基金投顾业务也面临着一些很现实的问题，另外有些资产配置系统的供应商对接存在困难，公司各个层面或多或少地都面临着市场的挑战。随着行业逐渐发展成熟，科学技术日益成为企业"弯道超车"的关键力量。在整个基金市场当中，共有7000多只基金产品，面临这样激烈的市场竞争，借助金融科技不仅可以使N基金公司提升员工工作效率，投研赋能，而且可以全面升级公司各个运营环节，大大拓展投顾业务的深度与广度。此外，为客户提供专业服务一直以来都是N基金公司的服务宗旨，利用好这些新兴技术，将有利于牢牢把握住客户的脉搏，助力投顾业务的发展。

四、提升用户体验

随着行业的发展和投顾业务的不断拓宽，未来如何为客户提供更加丰富有层次的盈利体验将是市场竞争的重点。N基金公司对此开展司南投顾业务试点，从上线这一投顾服务至今，司南投顾实现90%以上的客户盈利，超过70%的客户复购。司南投顾主要是借助N基金公司自身的投研、风控以及技术支持，从投资者理财要求出发，在深度匹配"风险-目标"的基础上实现基金决策，同时提供全过程的投资陪伴服务。N基金公司除了实现智能投顾服务之外，还利用金融科技生态对公司投研、客户服务、企业运营、风险防控等方面进行了覆盖。可以说，N基金公司一直以来都在致力于为客户服务，旨在更大程度地利用科学技术，深化金融科技创新，构建丰富有层次的理财场景，从而能够更好地提升用户体验，为广大投资者创造长期收益，全面践行普惠金融的公司理念。

不过投资并不是都能得到一个满意的结果，普通投资者经常会由于自身心态不好、没有正确判断市场走向，投资就很容易被市场带着走，从而出现损失。N基金公司针对这种现象也提供了暖心服务，在支付宝基金页面推出"投顾管家"服务，为投资者提供产品讲解和问题答疑服务，公司团队还通过图文陪伴、直播等多种形式与投资者进行良好互动，从而安抚投资者的情绪。N 基金公司还会利用节假日举办投顾体验日的活动，通过邀请基金投顾专家、业内财经"大 V"讲解投资知识，与真实投资者进行互动，在普及基金投资理论的同时碰撞基金投顾服务的价值。投顾体验日一方面用来传播基金投顾，提升广大群众的认知，另一方面也是 N 基金公司采集用户需求，吸收各方意见，从而可以更好地提供投顾服务的重要途径。提升用户体验，就要站在用户的角度考虑问题，N 基金公司通过组建专业的投资顾问团队，多维度分析用户的产品需求和风险偏好，从而提供优质的基金产品组合，以及跟踪市场调仓，尽可能地满足用户投资需求，让用户省心、放心。

五、提升科技实力，加大投入力度

数字技术的广泛应用促进基金行业业务的迭代更新，为了跟上时代的发展，N 基金公司打造数字化智能平台，加大科技研究投入，实施更加精进的解决方案，从而实现新型业务开展，加速公司数字化转型。

在竞争激烈的市场中要想脱颖而出，提升整体科技实力是基金公司"智"胜未来的不二之选。随着信息技术的快速发展，大数据、人工智能、云计算等技术正在潜移默化地改变着基金公司的业务模式，金融科技逐渐成为更改行业生态格局的关键力量。N 基金公司作为行业的头部机构，要想继续保持行业领先，就必须将科技放在企业发展更高的战略地位，全面推动数字化转型，技术驱动业务发展，打造智能化投研生态平台。

N 基金公司提升数字化应用水平，需要补足短板和构建基础数据设施，具体应做到以下三点：一是将公司数据全面数字化，夯实数据分析平台化能力，只有做好公司的数据基础，才能最大限度地挖掘数据价值；二是积累数据应用场景化能力，提高公司数据治理化水平；三是发展业务数据化经营能力，打通公司数据环节，增强部门数据的联系应用，配套升级公司当前的技术架构。此外，公司可以通过搭建数据平台、业务中台、云化架构、温敏双速等技术驱动的数字化架构体系，以及实现连接各个环节渠道的"变速器"，进一步提升公司对基金业务和满足客户需求的快速反应能力。

六、培养专业人才

N 基金公司致力于为客户提供最专业的服务，可专业人才却十分匮乏。人才是财富管理行业的核心，可以说公司的各个环节都离不开专业人才，只有拥有优秀的人才，才能在行业竞争中获得优势。但与银行业、证券业相比，基金公司的科研投入不占优势，且行业公司间投入差距较大，大多数基金公司并没有重视技术人才。可以说基金公司数字化转型的难点在于技术人员相对短缺且对业务不够精通、科技投入与业务绩效考核矛盾等。基金公司要想实现长期发展，培养专业人才就显得刻不容缓。

数字化转型不只是技术的应用，更是对员工能力的进一步提升。集权的管理形式、固态的公司组织架构已无法适应日新月异的时代环境。因此传统基金公司数字化转型，数字化高端人才以及敏捷型组织成为两个关键因素。引进相关技术人才和培养公司职工不失为一个好的办法，需要公司加大力度重视人才培养。

人才不仅是资产管理机构的核心资产，也是企业发展的核心竞争力。如何提升员工业务能力、培养人才、留住人才，是权益投资团队不可或缺的一部分。N基金公司意识到了这一点，并制定了三大策略来建设投研团队。

一是人才梯队建设策略。公司结合自身特色设置公开完善的员工晋升培养体系，在激发员工积极性的同时为优秀人才提供了更加广阔的成长环境。公司要重视员工成长，通过建立公开、量化、透明的选拔机制，选出市场投资经验丰富、业务研究能力突出的员工，然后通过多方面培训和实战锻炼，将新生力量培养成业务骨干，从中选取更加优秀的员工提拔成为业务带头人。在为员工设置目标的同时，更要真正提升员工的业务能力，只有经过丰富的培训以及实践，才能成为一名合格的基金经理，为权益投资团队输送人才。这一人才梯队建设策略受到业内推崇，对公司人才培养有着很大的帮助。

二是人性化的长期考核策略。长期考核不同于短期考核，要充分考察员工的各项能力，有利于充分调动基金经理的积极性。N基金公司在对基金经理进行考核时，主要从一年期业绩和三年期业绩两方面进行评判，两次业绩权重各占一半，充分评判员工长时间的工作能力。如果两个指标都不达标的话，说明该基金经理在两年甚至两年以上业绩都很差。这样的考核方式不仅是对基金经理短期业绩的肯定，也能体现出公司对员工长时间努力付出的鼓励。N基金公司一直以来都鼓励公司基金经理与业内甚至全球市场中的同类型基金经理进行比较，不断弥补自身不足，实现精诚合作，相互提升。长期考核在业内是不太常见的，这种人性化的考核方式一定程度上能激励基金经理努力提升业务能力，通过业绩证明自己，从而形成品牌效应，深化N基金公司长期投资的理财思维。

三是全方位激励，提供具有竞争力的薪酬待遇。一方面，N基金公司十分重视权益投资团队的培养发展，不断在公司各个部门甄选能力突出的优秀员工，随时补充投资团队，并不做人数上的限制；另一方面，N基金公司希望留住人才，预留出一部分公司股权，能力突出的核心基金经理有机会参与员工持股方案，未来成长起来的基金经理同样也有机会参与其中，与公司共同成长。

七、加强风险防控

以往基金公司为了寻求发展而忽略业务风险管理，盲目扩张，使人们的财产受到严重的威胁，因此面临着监管当局的处罚。当相关部门意识到行业风险管控的重要性，管理必然会越发严格，因此基金公司不能单纯注重业务的发展，还需要在业务开展中重视风险防控。在此背景下，N基金公司将不再局限于原先公司日常的风险防控工作，而是充分利用金融科技手段系统强化风控工作。逐年在系统增加一些风控指标，不是仅仅依靠人力，这样的方式会大大降低风控犯错的概率。

N基金公司在意识到这一点后，应根据自身发展步伐逐步完善风险管理体系，提高公司应对风险的能力。N基金公司首先要建设风险管理的整体框架，优化风险管理组织结构，做好风险管理的常规模式以及应急预案；其次应加强风险管理文化的普及力度，逐步树立良好的风险理念；最后应利用数字技术积极开展风险识别活动，通过各种手段有效应对不同的风险，使风险处于可控程度，进而为投资者营造一个相对安全的环境。

参考文献

［1］张冯茜．数字化转型浪潮下农商行零售业务发展策略——基于武汉农村商业银行零售业务数字化转型实践［J］．银行家，2022（1）：129-132.

［2］唐宁，魏文术，张彦超，王彦博，张月．商业银行零售业务数字化转型探索与实践［J］．中国信用卡，2021（12）：44-48.

［3］龚梦雪．后疫情时代城商行数字化转型战略——以台州银行为例［J］．经营与管理，2022（6）：1-12.

［4］刘峒杉，郭利华，贾贵．银行财富管理业务的数字化转型［J］．银行家，2021（11）：105-107.

［5］周萃．光大银行"财富管理银行"特色更加鲜明［N］．金融时报，2021-08-23.

［6］吴学福．数字化转型下商业银行普惠金融业务开展与风险防控［J］．商业文化，2021（22）：78-79.

［7］刘天．信托行业财富管理的数字化转型趋势［J］．财经界，2021（21）：19-20.

［8］杨燕．金融科技背景下Z银行数字化转型发展策略研究［D］．西安理工大学，2021.

［9］侯晓．"双循环"背景下商业银行零售业务发展趋势［J］．企业经济，2021，40（6）：145-152.

［10］汪永奇．以数字化转型拓展财富管理新空间［J］．中国信用卡，2021（6）：14-17.

［11］黄晋．数字化加速银行财富管理业务转型［J］．中国信用卡，2021（6）：18-20.

[12] 白慧婷. 城市商业银行零售业务数字化转型研究 [D]. 河北金融学院, 2021.

[13] 杨咏嘉. 金融科技背景下商业银行零售业务数字化转型策略研究 [D]. 河北金融学院, 2021.

[14] 郝浩远. 商业银行零售业务数字化转型分析 [D]. 河北金融学院, 2021.

[15] 王长旭. 后疫情时代我国中小银行数字化转型的问题研究 [D]. 武汉纺织大学, 2021.

[16] 胡夕媛. HS 银行零售业务营销数字化转型策略优化研究 [D]. 安徽财经大学, 2021.

[17] 祁斌. 商业银行加快发展财富管理业务的思考与建议 [J]. 金融纵横, 2021 (5): 10-16.

[18] 牛余筱. B 银行济南分行公司业务竞争战略研究 [D]. 山东大学, 2021.

[19] 唐文勇. 新数字化时代下商业银行基金投顾业务发展的几点思考 [J]. 中国银行业, 2021 (5): 40-43.

[20] 蒋扣莲, 袁静静, 刘歆. 大数据助推银行对公业务数字化转型研究与实践 [J]. 中国金融电脑, 2021 (5): 50-53.

[21] 胡莹. 中国银行 JX 分行数字化转型发展问题研究 [D]. 江西财经大学, 2021.

[22] 陈诗怡, 彭月妮, 龙帅霖, 郝珮伶, 孙世桢. 基于金融科技的证券业财富管理数字化转型研究 [J]. 投资与创业, 2021, 32 (8): 7-9.

[23] 郭静. 商业银行零售业务数字化转型策略探究 [J]. 中国市场, 2021 (10): 15-16.

[24] 中国银行江苏省分行私人银行部课题组, 俞亚莲. 商业银行财富管理数字化转型研究 [J]. 金融纵横, 2021 (3): 84-89.

[25] 宋萍. 借力金融科技 实现财富管理"弯道超车" [J]. 中国农村金融, 2021 (5): 94-95.

[26] 胡利明. 数字新连接: 银行财富管理业务破局之道 [J]. 中国农村金融, 2021 (5): 96-97.

[27] 高皓, 许媛. 新时代中国私人银行的发展战略 [J]. 清华金融评论,

2021（3）：107-112.

[28] 李慧 . AB 银行"e 家银商城"商业模式设计研究 [D] . 兰州大学，2021.

[29] 南京市农村金融学会课题组，张捷 . 商业银行零售业务数字化转型探究 [J] . 现代金融，2021（2）：42-45.

[30] 李小飞，陈芬 . 区块链技术背景下保险业家庭财富管理研究 [J] . 广西社会科学，2021（1）：67-70.

[31] 中国保险行业数字化升级研究报告 2021 年 [C] // 艾瑞咨询系列研究报告（2021 年第 1 期）. [出版者不详]，2021：499-533.

[32] 关于推进证券行业数字化转型发展的研究报告 [C] // 创新与发展：中国证券业 2020 年论文集，2021.

[33] 证券行业数字化转型调研报告 [C] // 创新与发展：中国证券业 2020 年论文集，2021.

[34] 俞枫 . 科技赋能国泰君安数字化转型，引领金融生态建设 [J] . 中国金融电脑，2021（2）：31-33.

[35] 齐晔 . 私人银行数字化转型的思考与展望 [J] . 银行家，2020（12）：114-116.

[36] 崔熙婧 . BH 银行零售业务数字化营销策略研究 [D] . 天津财经大学，2020.

[37] 赵丹丹 . 我国商业银行普惠金融数字化转型研究 [J] . 西南金融，2020（12）：35-43.

[38] 齐南 . 我国商业银行普惠金融业务数字化转型研究 [D] . 天津财经大学，2020.

[39] 殷振兴，姚子骏 . 证券机构数字化转型的发展模式研究 [J] . 金融纵横，2020（10）：49-56.

[40] 程实 . 新融合、新市场与新挑战 [J] . 金融博览（财富），2020（10）：1.

[41] 龙运云 . 基于互联网金融背景下的金融创新和财富管理 [J] . 商展经济，2020（9）：71-73.

[42] 梅傲，戴宇倩 . 民间财富传承的制度变迁：从继承到寿险和信托 [J] . 学术交流，2020（10）：29-41+191.

［43］李晖．城市商业银行零售业务数字化转型路径探索［J］．甘肃金融，2020（9）：8-11.

［44］陶亮．关于商业银行零售业务转型的思考［J］．农银学刊，2020（5）：8-11.

［45］崔凤廷．证券公司数字化财富管理转型研究［J］．企业改革与管理，2020（16）：6-7.

［46］苏哲．商业银行零售业务数字化转型的实践与探索［J］．现代金融，2020（8）：11-13.

［47］白光昭．坚持四个统领　全面加强党对高校的领导［J］．中国高等教育，2020（Z2）：26-28.

［48］王杨．论健康财富观与当代青少年核心素养培养［J］．中国教育学刊，2020（S1）：14-15.

［49］王简妮．数字时代我国国有商业银行的品牌重塑策略研究［D］．暨南大学，2020.

［50］吴楚群．基于金融科技的D证券公司客户服务策略优化研究［D］．山东大学，2020.

［51］孔亮，戈建国．统一监管下保险资产管理与银行理财的协同发展［J］．新金融，2020（6）：38-41.

［52］李智．LS银行发展战略研究［D］．山东大学，2020.

［53］聂俊峰，张馨元，王恒，张泽玮．后疫情时代财富管理业务的转型发展［J］．中国信用卡，2020（6）：23-28.

［54］李豪．H银行G分行创新发展战略研究［D］．广西大学，2020.

［55］吕瑞红．A银行对公客户分层经营策略应用与评价研究［D］．山西大学，2020.

［56］贾莉．数字化零售时代Z银行战略转型研究［D］．北京交通大学，2020.

［57］卢鸿．创新驱动　科技赋能　数字光大助力打造一流财富管理银行［J］．金融电子化，2020（5）：10-12.

［58］任雪平．商业银行零售业务数字化转型战略研究［D］．兰州大学，2020.

［59］秦建坤．Y银行数字化转型战略研究［D］．郑州大学，2020.

［60］华泰证券课题组，朱有为．证券公司数字化财富管理发展模式与路径研究［J］．证券市场导报，2020（4）：2-12.

［61］臧周凯．C 银行 Z 分行小微企业信贷业务问题及对策研究［D］．华北水利水电大学，2020.

［62］隋璐．平台经济背景下数字财富管理转型探究［J］．人民论坛，2020（5）：98-99.

［63］吴运泉．中国银行零售业务营销策略优化研究［D］．闽江学院，2019.

［64］李靖．数字化时代下 A 银行零售业务营销策略改进研究［D］．天津财经大学，2019.

［65］潘楠．DD 银行大连分行零售业务数字化转型策略研究［D］．大连理工大学，2020.

［66］陈薇贺．商业银行零售业务数字化转型路径分析［J］．农村金融研究，2019（6）：36-40.

［67］杨楚双．中国银行深圳市分行零售业务数字化转型策略研究［D］．华南理工大学，2019.

［68］王海江．C 商业银行互联网金融发展策略研究［D］．浙江工业大学，2019.

［69］曾招秀．招商银行零售业务数字化转型策略研究［D］．江西师范大学，2019.

［70］唐利峰．数字化时代苏州 A 银行经营战略转型研究［D］．苏州大学，2019.

［71］何江．M 城市商业银行转型发展研究［D］．西南科技大学，2019.

［72］白光昭．我国财富管理发展的总体框架研究——基于青岛财富管理金融综合改革试验区的经验［J］．山东工商学院学报，2019，33（1）：3-16.

［73］周延礼，高皓．保险在财富管理中的应用研究［J］．保险研究，2019（11）：3-12.

［74］杨安武．华泰证券经纪业务向财富管理业务转型案例分析［D］．江西财经大学，2019.

［75］王聪聪，党超，徐峰，钟立新，杜炜．互联网金融背景下的金融创新和财富管理研究［J］．管理世界，2018，34（12）：168-170.

［76］黄轶伦．"互联网"背景下城商行转型发展策略研究［D］．南京邮电

大学，2018.

[77] 陈希琳．综合化财富管理之道 [J]．经济，2018 (Z2)：82-85.

[78] 宋宁．我国大中型商业银行数字化影响研究 [D]．首都经济贸易大学，2018.

[79] 缪洋．家族传承浪潮下的私人银行业务发展研究 [J]．新金融，2018 (5)：32-35.

[80] 陆岷峰，沈黎怡．关于证券公司中财富管理业务痛点及策略研究 [J]．经济与管理，2018，32 (1)：38-45.

[81] 李苗苗，王亮．智能投顾：优势、障碍与破解对策 [J]．南方金融，2017 (12)：76-81.

[82] 陆亚伦．某国有商业银行智能投顾业务发展策略研究 [D]．上海交通大学，2017.

[83] 何大勇．财富管理：让客户全然体验生活 [J]．大众理财顾问，2017 (10)：54-56.

[84] 陈佩．招商银行中间业务发展策略研究 [D]．贵州财经大学，2017.

[85] 李仁杰，计葵生，杨峻，毛进亮．投资者适当性管理实践 [J]．中国金融，2016 (18)：88-89.

[86] 王小平．以房养老与财富管理创新 [J]．中国金融，2016 (15)：23-24.

[87] 李礼辉．财富管理的市场化与专业化 [J]．中国金融，2016 (15)：9-11.

[88] 陆岷峰，王婷婷．互联网财富管理路径 [J]．中国金融，2016 (15)：29-30.

[89] 杨峻．资产与资金的精准匹配——浅谈互联网财富管理平台风险管理 [J]．中国金融，2016 (12)：14-15.

[90] 刘冰心．中国信托业发展的蓝海——家族信托 [J]．中央财经大学学报，2015 (S2)：31-35+73.

[91] 丁文苹．互联网金融背景下我国城商行的发展策略研究 [D]．河南大学，2015.

[92] 王增武，黄国平，陈松威．财富管理的内涵、理论与实证 [J]．金融评论，2014，6 (6)：113-120+124.

［93］李君平．私人财富管理研究述评与展望［J］．外国经济与管理，2014，36（8）：73-81.

［94］辛树人．推进财富管理中心建设［J］．中国金融，2014（6）：78-80.

［95］潘卫东．财富管理：信托业发展之路［J］．中国金融，2013（21）：50-52.

［96］梅建平．商业银行财富管理业务发展模式研究［J］．上海管理科学，2013，35（5）：57-60.

［97］苏扬．保险业的财富管理优势［J］．中国金融，2013（24）：92.

［98］林凡．基金业向现代财富管理行业发展［J］．中国金融，2013（10）：41-42.

［99］中国工商银行管理信息部课题组，刘志刚，范国英．中国工商银行核心竞争力的国际比较［J］．金融论坛，2011，16（3）：3-9.